洛克菲勒

John Davison

Rockefeller

洛克菲勒

John Davison Rockefeller

皮波人物国际名人研究中心 编著

国际文化出版公司

·北京·

图书在版编目（CIP）数据

洛克菲勒/皮波人物国际名人研究中心编著. --北京：国际文化出版公司，2013.12（2024.2重印）
（名人传记丛书）
ISBN 978-7-5125-0513-1

Ⅰ.①洛… Ⅱ.①皮… Ⅲ.①洛克菲勒，J.D.（1839~1937）—传记 Ⅳ.①K837.125.38

中国版本图书馆CIP数据核字（2013）第104859号

洛克菲勒

作　　者	皮波人物国际名人研究中心　编著
责任编辑	赵　辉
统筹监制	葛宏峰　刘　毅　刘露芳
策划编辑	周　贺
美术编辑	丁鍨煜
出版发行	国际文化出版公司
经　　销	国文润华文化传媒（北京）有限责任公司
印　　刷	北京一鑫印务有限责任公司
开　　本	700毫米×1000毫米　　16开 8印张　　　　　　　70千字
版　　次	2013年12月第1版 2024年2月第3次印刷
书　　号	ISBN 978-7-5125-0513-1
定　　价	30.00元

国际文化出版公司
北京市朝阳区东土城路乙9号　　　　　邮编：100013
总编室：（010）64270995　　　　　传真：（010）64270995
销售热线：（010）64271187
传真：（010）64271187-800
E-mail：icpc@95777.sina.net

目录

目录

冒险探石油

父母的影响

约翰·戴维森·洛克菲勒是美国的一位著名资本家，也是 20 世纪第一个亿万富翁。人们对他毁誉参半，有人认为他是一个十分具有野心的企业家，也有人认为他是个极度慷慨的慈善家。他沉默寡言、神秘莫测，一生都在各种不同角色间转换，这就更加深了人们对他的种种猜测和议论。但不管怎么说，在福布斯网站曾公布的"美国史上十五大富豪"排行榜上，约翰·洛克菲勒名列榜首。可见，这位具有争议性的人物在美国历史上确实占有一席重要的地位，现在让我们怀揣着种种好奇走进他的一生。

约翰·洛克菲勒生于 1839 年 7 月 8 日，在家中排行老二，他和姐姐露西(出生于 1838 年)及弟弟威廉(出生于 1841 年)都生长在家乡里奇福德。

1843 年，约翰·洛克菲勒的父亲威廉·洛克菲勒花了 631 美元在纽约西边的小村庄里买了 160 英亩地，于是全家迁入新居，约翰·洛克菲勒的童年便是在那里度过的。同年，母亲又生下妹妹玛丽安。又过了两年，母亲生下双胞胎富兰克林和弗朗西斯（1845 年）。

约翰·洛克菲勒的父母有着非常不同的性格。母亲爱丽莎·戴维森是苏格兰一位富农的女儿，金发蓝眼，十分漂亮。她虽然接受的教育不多，却十分聪明，见多识广。爱丽莎还是个虔诚的基督教徒，受信仰的影响，她后来成为一个道德

约翰·洛克菲勒的画像

水平很高的严母。她相信孩子不打不成器，所以洛克菲勒家的家教十分严格。此外，她勤快、节俭、朴实，这些美德和坚强的信念全传给了日后出人头地的约翰·洛克菲勒。

父亲威廉·艾弗里·洛克菲勒的个性恰巧与爱丽莎相反，他健壮、自信、勇敢、喜欢冒险，更善于交际，是个不折不扣的乐天派。但是，他任性，以自我为中心，常常只顾自己的喜好冲动行事，不顾后果。这些都对洛克菲勒日后的性格产生了潜移默化的影响。同时父亲还是个到处闯荡的木材商、马贩子，也是个走江湖的巫医，兜售所谓"立见奇效，包治百病"的灵丹妙药。此外，他还买卖土地和皮毛，贩盐，推销杂货，是个无事不干的百事通。

父亲外出经商，一出去就是几个月，家中对孩子们的教育主要由母亲负责。但偶尔归家的父亲也与母亲一样望子成龙，一有空就教洛克菲勒如何写商业书信，如何准确而迅速

地付款，以及如何清晰地记账。他深知社会的现实和世道的冷酷，所以他常采用一些特殊的方式教育孩子，着重于细心、勤快和负责。

1850年，洛克菲勒一家人搬到纽约州的奥斯威戈，三年后，又搬到俄亥俄州的克利夫兰。此后又迁移过几次，但最后仍定居于克利夫兰。在这段时间里，威廉·洛克菲勒仍然不断远游，一走便是数月，在外他自称为洛克菲勒医生——癌症专家，还兜售一些治癌药物。

洛克菲勒当时已进入克利夫兰高级中学，他念书非常用功，一点儿也不贪玩。成年后，他回忆说自己小时候很认真地念书，以准备接受成年后人生的各种挑战。高中教育虽然没有使他获得十分渊博的学识，但却培养了他小心谨慎的性格，他一踏入社会，便能将它们派上用场。

学校教育对洛克菲勒固然有益处，然而家庭教育才是他日后成功的最主要因素。尤其是他母亲虔诚、刻苦、节俭及勤勉的态度，更在洛克菲勒的一生中留下了不可磨灭的印象，深深地影响着他，甚至到了年老之时，他仍秉持着昔日母亲的教诲。母亲对宗教的信仰也感化了洛克菲勒，早在学生时代，宗教信仰就已在他心中生根，成为他生活中的一部分，每个星期天他必定去礼拜堂，这个习惯一直维持到洛克菲勒老年。

组建公司

威廉·洛克菲勒一生最大的梦想就是希望他的孩子们以后能出人头地，成为一个精明的生意人，所以他对大学教育没什么兴趣。洛克菲勒除了在 1855 年高中快毕业时上了三个月的商学院，学到了一些会计、初级贸易、银行业务和汇率外，并未曾接受正规的大学教育。

1855 年，洛克菲勒高中一毕业，就马上到克利夫兰找工作。他找工作的目的不是为了挣钱，而是为了学习做生意。终于，同年 9 月 26 日，他如愿以偿地在一家专做代理及托运货物的商业贸易公司找到了工作。

当天，洛克菲勒便迫不及待地开始工作，他很高兴地说："我不在乎工资，我需要的是经验，这家公司的制度和经营方法都是我想学习的，我能找到这么合适的工作，真是非常高兴的事情。"

约翰·洛克菲勒在这家公司一工作就是三年，公司领导非常器重他，经常派他跟各行业的人接触，包括交通方面的人、汽船公司的人、商人、批发商、铁路局人士等。

公司在城里的许多产业的租金都由洛克菲勒去收取，这一切让他积累了很多非常受用的经验。同时洛克菲勒也在公司的前辈口中学到了许多经商的理论及管理上的知识。他在工作上得心应手，很快便成为公司中的主力员工，并得到公司的重用。

到了1858年，他希望公司能将他的年薪加到800美元，公司却只肯加到700美元。当时洛克菲勒觉得自己已经羽翼丰满，可以独闯一片天地了，便离开公司与一个志趣相投的友人——莫里斯·克拉克合伙创办了一家公司，公司主要经营谷物、肉类及其他杂货，每人投资2000美元。当时的洛克菲勒手里没有那么多钱，他把自己所有的积蓄都拿了出来，也只有800美元，无奈只好向父亲求援，先预支到21岁才能分到的财产1000美元，并需要在未到21岁前还清预支款的利息。有了父亲的帮助，洛克菲勒终于可以自己创业了，于是，他成立了他生平的第一家公司。

1859年3月18日，洛克菲勒和克拉克合伙开的公司终于开业了。当时的美国各行业都有待开发，可以说只要有商业头脑的人，便可拾到那满地的黄金，洛克菲勒恰恰就是这样一个有商业头脑、聪明而又有远见的人，公司经营得很顺利，第一年就已经盈利，一单45万美元的生意，净赚了4000美元。

洛克菲勒在生意场上的信心是十分令人钦佩的，每单生意他都胸有成竹。他还有一个优点，就是非常精细。

有一次,合伙人克拉克说:"如果客户欠洛克菲勒一分钱,他会去要回来;如果他欠客户一分钱,他也会还回去。"有人认为他在商业方面的发展,完全是物质欲望的推动。因为洛克菲勒幼年并没有受到文化艺术的熏陶,所以他在文艺方面的知识非常贫乏。这或许是正确的看法,然而我们不可否认,他向往有建设性的收获,并且在获得大笔利益之后,仍愿意与大众分享他的成果。

因为洛克菲勒的精打细算,所以大家都认为他是一个"守财奴",但很少有人知道或者说相信洛克菲勒是一个非常富有同情心的人。其实洛克菲勒从 17 岁开始,就经常捐款给穷人,从他的账簿上,我们可以明显地看出这是他坚持几十年的习惯。

17 岁那年,他 4 个月的总收入为 95 美元,花了 9.95 美元添置衣服,也捐出了相同的数目给教会及穷人。他不但出钱,同时也出力为教会服务,而且他捐赠的数目完全与他的收入成正比。他的财富增多,他捐款的数目就增多。最难能可贵的是在他还没有成名发财之前,就养成了做善事的习惯,而且接济的对象不分信仰、种族和肤色。洛克菲勒常自我警醒:"你现在已踏入商业领域,要处处小心,不要骄傲,骄者必败啊!你的成就将建立在你每天的努力之上。"这种自我警戒的独白成为他日后生活的习惯,老年时他曾回忆说:"这个习惯对我有很好的影响,因为我常怕自己无法承受自己的富有而变得骄傲,所以我常常勉励自己、警告自己不要太狂妄了。"

19世纪60年代，美国的疆土、资源都有待开发，生活水平、文化艺术都渐渐提高，这是考验年轻人的时代，同样也是年轻人表现自己的良机，最容易一展身手的就是商界。于是，成千上万的年轻人拥向商场，他们不但期望得到财富，更渴望借此途径来肯定自我，追求权力及地位。这时候，在美国宾夕法尼亚州已经发现了石油，成千上万的人潮水一样涌向采油区。一时间，宾夕法尼亚的土地上井架林立，原油产量飞速上升。

当时洛克菲勒和克拉克组建的公司已经初具规模，资金周转正常，盈利不少，于是洛克菲勒想再开创一些新的事业，却一时不知该往哪方面进行。虽然美国大地上一夜之间掀起了采油热潮，但冷静的洛克菲勒没有盲目行动。经过实地考察，他决定先不在原油生产上投资，因为那里的油井已有72座，日产1165桶，当时石油需求有限，油市的行情必定下跌。事情的发展果然不出洛克菲勒所料，"打先锋的赚不到钱"。

1862年，原油价格是每桶33~35美分，经提炼的石油可在沿海的市镇上卖到两倍的价格，因为炼油的成本很低，所以投资在精炼业完全是合算的。于是，一家又一家炼油厂如雨后春笋般地在美国东北部遍地开花，各大铁路公司也为了赚取运费，在每个石油转运的必经地铺设了新铁路，促进了石油产业的发展。

在各种条件都具备的情况下，洛克菲勒认为自己可以办一家炼油厂。正好当时有位叫安德鲁斯的英国友人，善于将石油精炼成点灯用的煤油，他不但技术好，还是个有远见的人。安德鲁斯认为煤油一定会取代其他灯用油脂，所以他希望脱离他所属的公司，自己出来投资一间炼油厂，他把想法告诉了早就认识的克拉克。更巧的是，他与洛克菲勒在同一教堂做礼拜，因而认识，于是也将自己的想法转告洛克菲勒。由于三人志同道合，他们在1863年成立了安德鲁斯—克拉克公司，专门提炼原油。

洛克菲勒或许得到了天时地利之便，在公司成立的同年，克利夫兰的铁路系统扩大，有直接的路线西通纽约和大油田区，这条路线不但便利了洛克菲勒新厂的运输工作，更为他带来了巨大的财富。

洛克菲勒将工厂建在克利夫兰郊区及水运要道上，他们起先只租了3英亩地，后来买下了它，到1870年时又增加到60英亩地，最后增加到100英亩。当时，安德鲁斯负责一切技术方面的工作，克拉克从旁协助他。提炼的方法很简单，也很省钱，每5桶原油可炼成3桶点灯用的煤油。

1864年，也就是炼油厂成立的第二年，美国内战正进行得如火如荼，弟弟富兰克林·洛克菲勒去前线打仗，洛克菲勒也有心入伍，但顾及家中的母亲与兄弟姐妹，还有刚成立的事业，他只好放弃了这个念头，在后方提供支持和帮助。

婚后生活

同年，一件洛克菲勒人生中最重要的喜事发生了，洛克菲勒遇到了他的心上人——劳拉·塞拉斯蒂亚·斯皮尔曼。她是克利夫兰一个富商的女儿，人长得漂亮出众，是个容易亲近又聪慧的女子，她为人比洛克菲勒爽朗，也比他更有学问和见识。斯皮尔曼热衷教书，洛克菲勒沉迷于事业，在外人眼中他们是天造地设的一对。1864年9月8日，二人在充分了解对方后，终于携手走进了婚姻的殿堂。

婚后，洛克菲勒与新婚妻子过着愉快而繁忙的日子，他们的生活圈子不大，接触的人多半都是在教会认识的，因为他们夫妇常为教会服务，所以有很好的人缘。

那几年是洛克菲勒家族里最热闹的几年，洛克菲勒的兄弟姐妹都相继地成家立业。1864年，大弟威廉与麦拉小姐结婚，次年产下一子。小弟富兰克林从军中退役，在1870年与海伦·斯考菲结婚。小妹玛丽安于1872年嫁给威廉·鲁得。约翰·洛克菲勒也于1866年喜得一女，起名伊丽莎白，昵称为贝西，洛克菲勒真正成了一家之主。

此时的洛克菲勒不但家庭生活愉快，事业也很顺利，贸易公司和炼油厂都有很好的生意。但因为理想不一致，高层领导们常发生摩擦，洛克菲勒是个很有雄心的人，他赞成不断地扩大工厂，因而常与思想保守的克拉克兄弟（克拉克的弟弟在公司成立之后进入公司）意见相反，尤其炼油生意的兴旺，更使洛克菲勒产生了扩张的决心。炼油厂本来只是副业，如今赚进的利润已超过主要的贸易公司，所以洛克菲勒决定要朝此方向发展。

约翰·洛克菲勒痛恨浪费，他认为注意小节是成功的关键，所以他对工厂任何的小事情都看在眼里。他认为不应该把水管、油桶这些附属品包给别人做，应该一切都由自己来做，这样能省下更多成本。于是，他不买外人的木桶，自己买林地、伐木、锯木、装桶，一步步完全自己操作，这种办法不但替工厂降低许多的成本，无形中更创造出其他副业。他们一方面减低成本，一方面改进技术，使得自己的炼油厂在克利夫兰炼油同业中获得了很高的地位。

洛克菲勒和克拉克兄弟的争论终于白热化，克拉克坚决反对洛克菲勒贷款增资，扩大工厂，而洛克菲勒却觉得只要风险尚可承受，就应该尽可能地贷款增资。他们最终在一次会议上同意将公司拍卖。

1865 年 2 月 2 日那天，他们将安德鲁斯—克拉克公司在股东中拍卖，由出价最高者获得所有的股权，同时他们还请来一位律师做见证。克拉克由 500 美元开价，洛克菲勒马上加到 1000 美元，然后以 1000 美元的差价不断地加上去。加到 7 万美元的时候，气氛很紧张，克拉克说："7.2 万。"洛克菲勒不甘心地叫道："7.25 万。"克拉克跳起来，张开双臂大叫说："这个生意是你的了！"说完，扬长而去。

26 岁的洛克菲勒一夜之间就拥有了一间炼油厂。在 2 月 15 日那天，他在克利夫兰《前锋报》上声明"前安德鲁斯—克拉克公司已被洛克菲勒—安德鲁斯公司购买"，从那天开始，安德鲁斯不但是他的助手，也是他的合伙人。

到 3 月 2 号，克拉克与洛克菲勒合组的贸易公司也瓦解了。洛克菲勒也将这家公司买了进来，他终于摆脱了保守的克拉克兄弟，完全独立经营管理两家公司了。

当时洛克菲勒的炼油厂不但在美国已建立起知名度，就是在世界石油工业上也占有一席之地。从克拉克兄弟手中买进两个公司需要很大一笔钱，但洛克菲勒并没有被眼前的困难吓倒，他更加勇往直前，大笔地贷款，不断地扩建工厂，又说服弟弟威廉加入进来，并派他到纽约经营石油出口贸易。

大时代来临

采油的热潮由 1864 年延至 1866 年，然后，又一窝蜂地朝炼油业发展，到 1867 年才慢慢平息下去。这几年间，整个行业的各方面都有显著的进步，技术、工具日渐改善，尤其是运输方面，原油的运输由马车改为利用油管运输，运输原油的公司不但铺设了油管，还建了油库，每次可以贮 5000~20000 桶原油。这一切改进使炼油业开始向现代化的工业迈进。

石油工业不但繁荣了美国国内的经济，还带动了国外的贸易，因为采油业的发达，自然也带动了附属的炼油业。提炼工厂所需的成本低，提炼过程相对简单且技术要求不是很高，所以开炼油厂的人比比皆是。但不幸的是任何聪明点的人都能预料到，这必然会导致生产过量、竞争激烈，而资金不足的小厂就会难逃倒闭的命运。当时小厂遍布各地，在竞争中分为以下数区：纽约区、匹兹堡区及克利夫兰区等。

那么谁能在如此激烈的竞争中屹立不倒呢？依照常理，肯定是那些建在大油田区的炼油厂最得地利，但是这里的人工及其他资源费用较贵，以致成本偏高。反之，克利夫兰区的工厂逐渐在竞争中脱颖而出，这些工厂资金足，人工、资源（因为靠近煤矿）费用便宜，产品的成本比大油田区要低很多，离原油区的供应地只有 150 里，比纽约和费城的公司更靠近原油区。再加上该地有铁路和运河，比其他区域的工厂又占了运输上的便利。

1866 年至 1867 年间，石油工业初次进入不景气的时代。许多小油田都停止凿井，采油业呈现出一种奇怪现象，有些善于经营的油田仍源源不断地出油，有些却完全停止了。这萧条的景象像一阵风似的波及炼油业，许多管理不当的小厂开始倒闭，就连资金雄厚的洛克菲勒也开始担心了！他担心另一个大时代即将来临。

与商业天才的合作

1865—1866 年间，有两位商业天才会合了。这两位商业天才便是洛克菲勒和年轻有为的亨利·弗拉格勒。二人的合作起因是洛克菲勒把他在克利夫兰的办公室租给了亨利·弗拉格勒，从此二人便经常来往，这为以后的合作奠定了基础。但是，弗拉格勒与深谋远虑的洛克菲勒相反，他是一位富有创造性、积极又热情的人。这二人互相补拙而彼此联合，开创出了美国工业史上惊人的事业。

弗拉格勒成长在纽约州西部，后来到俄亥俄州经商，与当地威士忌酒业富商哈克尼斯的女儿结婚。他在洛克菲勒最需要人才扩展事业的时候加入了洛克菲勒的公司。他认为投资石油工业，日后必有发展。

洛克菲勒的青年照

1867 年，洛克菲勒—安德鲁斯—弗拉格勒公司成立。洛克菲勒并不太清楚当年弗拉格勒到底投入了多少资金，可能在 5 万美元左右，他妻子的一个没有血缘关系的哥哥史蒂芬·哈克尼斯以匿名的方式投入 6 万~9 万美元。但是，弗拉格勒投资了多少资金并不重要，重要的是他投资了他的才干、他的创造力，他与洛克菲勒二人各展所长，相辅相成地完成了一番伟大事业。

因为 1867 年增资，洛克菲勒的炼油厂也购置了一些先进的生产设备，生产效率有了很大提高，产量在两年内（即 1867—1869 年）由每天 500 桶增至 1500 桶，他们的工厂也因此一跃而成为美国的第一大厂。

弗拉格勒加入公司后，为了降低运输成本，他天天奔走于各大铁路公司，与他们交涉运费。当时，美国有三大铁路系统，分别是宾夕法尼亚铁路公司、纽约中央铁路公司和大西洋西部铁路公司。这些铁路公司为了抢运原油与提炼油的生意而彼此杀价，甚至给予回扣以拉拢顾客，这样的举动反倒让洛克菲勒等人占了便宜。

1867 年，有一家湖滨铁路公司刚刚进入运油市场（后由纽约中央铁路公司控制了该线），为了争夺市场，它的价钱比其他公司都要便宜，这正合了正在找便宜运费的弗拉格勒的心意。湖滨铁路公司的总经理德弗罗与弗拉格勒很快达成协议：湖滨铁路公司替洛克菲勒公司将原油由大油田区运往克利夫兰，每桶原油的运费是 42 美分，其中铁路公司每桶油给 15 美分左右的回扣。

洛克菲勒认为他的公司在拿回扣上比起其他公司能多得利益，在 1867—1870 年之间，洛克菲勒的公司因产量大、生意多，比较容易争取到回扣。

当时拿回扣的风气很盛行，甚至生意人个个觉得这是理所当然，丝毫不觉羞愧。这种风气由 1856 年开始，直到 1903 年《埃尔金斯法令》推行之后，才渐渐平息下去。虽然如此，我们仍不可质疑洛克菲勒在管理、经营及技术各方面所做的努力，那些才是他真正的实力所在。

标准石油公司

成立股份制公司

洛克菲勒的公司之所以能在美国一枝独秀，成为当时最大的企业，是因为他投资的不只是提炼原油，他们同时还制造装油用的木桶，为了降低成本，他们买下林场，自己制作木桶。

此外，他们还有自己的运货车辆、仓库、拖船和贮油库。可以说洛克菲勒的公司已经发展成当时规模最大、经营项目最全的公司，而且他们也是第一家用油车而非木桶运油的公司。

洛克菲勒是一个非常具有商业头脑的人，他不但自己做各种产油需要的用品，还不断利用残余物来生产副产品，比如铺路的柏油、石蜡、凡士林、挥发油及润滑剂等。这些副业给他带来了极高的利润，一般的小工厂根本无法与之竞争。

洛克菲勒不仅是个有商业头脑、有计划、有远见的人，还是一个小心谨慎的人，他做事非常细心，一个小小的细节都不会轻易放过，这种谨慎的做事风格也影响着他的所有员工，在他的旗下，没有人可以马虎地工作。而且，他还特别指出不可以随便估价、清点或测量任何成品。在他的企业管理上，细心谨慎就如军队中的纪律，是战胜敌方的最佳精神武器。

洛克菲勒的成功还有一个不可忽视的因素，那就是他的精明。

举一个例子，洛克菲勒去买油，他总是选又好

洛克菲勒照片

又便宜的，绝不匆忙马虎。再加上他妥善的经营方式、安德鲁斯日益进步的炼油技术、弗拉格勒富有创造性又充满信心的经营方针，公司的业务蒸蒸日上。

除了上面所提及的，还有一点不得不提，那就是拿回扣这件事。在市场平稳发展的时候，回扣也成了公司的一部分收入，竞争激烈时，它能帮助公司打击其他竞争者，这一切均使洛克菲勒的公司平稳地度过了艰难的经济恐慌时代（1868—1873 年）。

1869 年，石油业开始逐渐进入经营困难的时期。由于原油开采过多，导致原油过剩非常严重，2 月 1 日大油田区油田主人成立了宾州原油生产协会，他们攻击税收，申请专利，但却不能解决原油过剩的问题。与之相关联的炼油业自然也同时陷入困境，原油的价格与提炼后的石油价

格相差无几，这使得炼油公司无法获利，同时产量往往又超出市场的需要，有实力的大公司尚可过关，那些小公司简直叫苦不迭。

石油业眼看陷入一片混乱的状态，一些有眼光的人便想到投资大公司，洛克菲勒的公司是当时最大的公司，自然被很多业内人士看好，但依洛克菲勒的做事风格和处事态度，他是不会轻易赞成外人投资的，原因就是怕妨碍他控制公司的权力。于是，洛克菲勒建议将公司变成合资的股份制公司，由股东洛克菲勒兄弟、弗拉格勒、安德鲁斯、威廉·洛克菲勒的姐夫奥利弗·詹宁斯及哈克尼斯六人负责，该公司于1870年1月10日在俄亥俄州成立，继续经营石油及其副产品的生意。

这就是标准石油公司。该股份公司共有10000股股份上市。约翰·洛克菲勒占2667股，威廉·洛克菲勒、弗拉格勒及安德鲁斯各占1333股，哈克尼斯占1334股，此外，另外两个新加进来的股东各占1000股。自此以后，新股东逐渐加入。

要知道，在当时的社会，组建股份制公司是垄断市场的一种最快捷的方式，可见洛克菲勒的行为承受了多大的舆论压力。

洛克菲勒虽然从此控制了市场，但他自始至终从没有欺骗过公司的股东，还时时为他们着想。

标准石油公司成立的第三天，他就将洛克菲勒—弗拉格勒—安德鲁斯公司以 77994 美元买下，并对各个股东的职位进行了具体的划分：约翰·洛克菲勒任总经理、威廉·洛克菲勒任副总经理、弗拉格勒任秘书兼会计，而安德鲁斯任厂长一职。

洛克菲勒组建股份制公司后，其他一些炼油公司对他大为不满，大油田区、匹兹堡、纽约等地的炼油公司都很妒忌克利夫兰的炼油工业，他们希望把克利夫兰的炼油业完全打垮。这也是新公司成立之后面临的最大难题。要想在行业竞争中占有有利地位，最棘手的问题就是如何争取到便宜的运费。

精干的弗拉格勒找到湖滨铁路公司说："你们希望接大笔长期的生意吗？现在我们春、夏季不再用水运，可以把一年四季的生意全交给你们公司来做，并且保证每天至少托运60 箱石油。"铁路公司十分欣喜地接受生意并奉送一笔可观的回扣，双方皆大欢喜地完成交易。

虽然铁路公司以回扣这种方式来拉拢顾客会遭到许多人的非议，但这种方法仍被众多商人接受。洛克菲勒曾说：

> 那些一天到晚叫嚷说回扣不道德的人，都是一些不懂生意经的人，你们可以想想看，谁能买到最便宜的牛肉？是家庭主妇？俱乐部的管事？还是军中的伙夫？这些人根本分不清零售价和批发价的区别。这个道理放在运输业上也是一样，谁能得到最好的价钱？

是每天运 5000 桶油的公司，500 桶的公司，还是 50 桶的公司呢？

在洛克菲勒的观念中，这样的说法也许是对的，但是在美国政府的眼中，任何由政府辅助的铁路公司都应该对他们的客户一视同仁，不分三六九等。洛克菲勒在这方面的见解就大错特错了。

洛克菲勒凭借拿回扣和妥善的经营使标准石油公司在不景气的时代仍然鹤立鸡群，继续营业，但是，他对当时混乱的市场状态仍忧心忡忡。一方面，他不忍心看到小型工厂在互相残杀式的竞争中被淘汰；另一方面他看见产原油的各厂商联合起来组成原油生产协会，很担心他们将与大油田区的炼油工厂联合起来垄断市场，从而把克利夫兰的炼油工业排挤出去。这是他最担忧的地方，所以他经常与助手们商讨解决问题的办法。

新的构想

有一天，洛克菲勒想到一个非常奇妙的解决方法，那就是以标准石油公司为核心合并其他公司，这样一来可以解决精炼油过剩的问题，二来可以稳定油价。这就是南方发展公司成立的初衷。不过后来，洛克菲勒多次否认自己是南方发展公司的发起人。

那么谁又是促进南方发展公司成立的人呢？原来在当时的环境下，除了炼油业的厂家忧虑前途，铁路公司也同样担心他们的命运，因为铁路公司的生意全依赖在他们的客户——炼油厂身上，所以他们想与炼油厂联合起来，控制石油的产量，统一运费。

正巧，当时宾夕法尼亚铁路公司的总裁汤姆·斯科特的秘书和友人在1870年春天买下了一个名为"南方发展"的公司，随即拍卖出售，终于在1872年1月2日，被一个赞成联合炼油业者和火车公司的创业人士暗中买下。他们立即把内部的股份分为1100股，按每股100美元出售，其幕后的主持人是斯科特，但表面上，公司负责人却是一个不起眼的人物。

这1100股股份卖给了湖滨铁路公司和费城及匹兹堡的一些炼油企业。成立这个南方发展公司的主要目的是把铁路公司和炼油工厂组织起来，使参加的厂家可以由铁路公司的协调获得合理的运费，反之，各厂家也扮成协调者的角色，让每个铁路公司都能平均地分到生意。

如此一来，铁路公司便不必用低价竞争来抢生意，炼油工厂也可得到稳定、合理的运费，并有铁路公司的保障，使不参加此集团的其他厂家无法获得便宜的运费与之竞争。洛克菲勒为了生存竞争且不得罪铁路公司，也加入了这个团体。

南方发展公司的初次会议就达成了多项惊人的协议。参加该集团的铁路公司有宾夕法尼亚铁路公司、纽约中央铁路公司、湖滨铁路公司、伊利铁路公司及大西洋西部铁路公司。他们内定宾夕法尼亚铁路公司载运 45% 的总油量、伊利铁路公司 27.5%、纽约中央铁路公司和湖滨铁路公司 27.5%。运费也有小幅度的提升。但是，各厂家仍能拿到回扣，由大油田区至炼油区的回扣为原油每桶 40~50 美分，已精炼的石油每桶可拿 25~50 美分。标准石油公司的运费由 1870 年议定的 1.65 美元(包括原油及提炼油的双重运费)跳到 2.8 美元，洛克菲勒感觉还算满意，因为那些不参加集团的厂家，还要比他们每桶多付 90 美分。此外，各厂家也一致要求严禁铁路公司与不参加集团的厂家做生意。这样一来，那些集团外的厂家在运费这一点上就多承担了很大成本。

如果铁路公司接下非南方发展公司成员的生意，他们就要被处以罚款，铁路公司必须给会员公司相当于回扣数目的赔偿。比如，铁路公司替克利夫兰的非会员公司运油，回扣是 40 美分一桶，同时是会员的标准石油公司也可以拿到 40 美分一桶的回扣，这个策略无疑是摧毁竞争对手最毒辣、最残忍的手段。

更值得一提的是，他们还要求各铁路公司将每日运货的清单一律送往南方发展公司过目，使其会员对独立公司的情形了如指掌。不仅如此，各会员厂商还有权审核铁路公司的账簿，查看他们与独立公司有无来往，这种种手段必然威胁到独立厂商的生存问题。

南方发展公司的会员们想用这种方式使那些独立厂商无力与之抗衡，逐渐被市场淘汰，从而达到控制市场的目的。他们把炼油厂商联合起来，并进一步想把采油商也联合起来，使原油的价格也稳定下来，一年开会调整一次。不过没想到这一如意算盘却失算了，采油商在未被邀请加入该集团时，就已经知道南方发展公司成立的消息，各油田主认为炼油厂商想控制全局，个个怒火中烧，局面大乱。

本来南方发展公司还是在暗中运行的，直到 1872 年 2 月 25 日，铁路公司一夜之间将运送原油与精炼油的价钱全改了，大油田区的油主和厂家慌了手脚，一时间街上、酒店、旅馆，人人都在谈论此事。南方发展公司的成员兴奋之余忘了保守秘密，便把消息全都泄露出去了。大油田区的炼油厂也十分恼怒，认为南方发展公司完全是为了削减他们而来的。于是，大油田区的油主和炼油厂商马上集合起来抗议，主张恢复"原油生产协会"，他们开会决定下列三项事件以表示抗议：

（1）所有油主减少 1/3 的产量。

（2）不可用地雷及其他人制造的工具开采。

（3）30 天内不可开采任何新油井。

会后将"原油生产协会"更名为"石油生产工业协会"，

协会里面的所有会员不仅要拥护以上三点，在星期日那天还必须停工，减少产量，并决定不与南方发展公司的任何成员交易。

为了警醒协会的成员遵守决议，大油田区的《油城报》还刊登出一个拒绝往来的厂商黑名单，协会任何成员与黑名单上的厂商有商业来往的，就会面临被排挤出协会的危险，原油只可以卖给大油田区的炼油厂。他们不但想出种种抵制的办法，还有攻击对方的各种手段，将南方发展公司的成员冠以"不道德的贼、魔鬼、八爪章鱼"等非常难听的称呼。由此可见，大油田区的油主和厂商是愤怒到了极点，而且完全不肯妥协。

如今在我们看来，在当时的社会环境下，要想把生意做大，洛克菲勒加入南方发展公司是无可厚非的事情，但是，洛克菲勒没有及时制止铁路公司运送独立公司的货物时还要给其他会员公司回扣这种行为，是不是他的过错呢？

没有硝烟的战争

随着石油业的发展，炼油业也随之不断发展壮大，以前都是一些小工厂、小作坊式的生产，数目多，完全没有市场秩序，从而导致产品过剩且质量参差不齐，把市场弄得一片混乱。如今已不再是原来的小本经营，而是规模化生产，成了全国性的大集团。这些企业的老板们当然希望这个行业能够规范化发展。但是，大油田区的产油工业领袖们大多都是一些比较大胆却粗俗的生意人，他们更着重于个人的发展，不能接受炼油厂商的想法。南方发展公司与大油田区两个集团的争执并非单纯的利益冲突，而是新旧工业交替时必然产生的现象。

当炼油工业的领袖与铁路公司合作时，产油业的集团产生了恐慌，他们强调经商自由，反对铁路公司与炼油业合伙，恐惧他们日后有垄断市场的可能。于是，一场无法避免的"战争"爆发了。

这场"战争"不能说是富人与穷人之间的战争，充其量是维护商业道德之战。虽然大油田区的领袖们大声疾呼他们是被财团压迫的，只是为了保护自己才战，但事实上，他们之中只有少数是穷人，多半都是中上资本家，也有一些是有大资本的富商。所以，双方是为了争取更公平、更有规则的商业竞争原则而战。

大油田区有很多专业人才，产油业主埃森是"石油生产工业协会"会长，米歇尔、克拉普在大油田区非常有号召力，还有大油田区杰出的炼油业主亚格勃等人，大油田区和产油业这两派同心协力团结起来，反对炼油业与铁路公司的合作。除此之外，他们还得到旗下的员工、中间的生意人和当地报业人士的支持。

头脑聪明的人都明白，其实大油田区的抗议人士也和其他地区的炼油业者一样，都是为争夺权利而战。不同的是，他们比较懂得群众的心理，对民众及新闻界宣称是为了正义而战，把矛头指向其他区域的炼油厂商拿取回扣和企图垄断市场这两个缺点，大加发挥，并派人去政府机关游说，夸大其词，还要求国会派调查小组来调查此事，以取消南方发展公司。这件事闹得举国沸腾，但大家都是以看热闹的心态来观望事态的发展。

该事件于1872年2月底掀开，当时的局面是没有纪律、没有组织的，十分混乱。

就在这个时候，有一位叫亨利·罗杰尔的人从纽约长岛来到大油田区参加当地人与南方发展公司的对抗。他提议如果长岛与大油田区联合起来抵制其他同行，必定所向无敌。

由此一来，油主们的抵制有效地使南方发展公司成员的贮油库逐渐倾空。

面对眼前发生的一切，自始至终都保持沉默态度的洛克菲勒更加沉默了，他怎么都没想到事情会闹到这种地步，本来还蔑视新闻界的弗拉格勒也不再开口了。

事到如今，他们才幡然醒悟，当时为了能够赚取更多的财富而忽略了群众对拿回扣行为的憎恶以及恐惧工业垄断的心理。事后，洛克菲勒后悔地说：

我本来以为，跟妒忌及失望的人说理是浪费口舌，所以我都保持缄默，也鼓励同人效仿。没想到我们越

> 沉默，受到的攻击越大。现在，我真后悔当时没把记
> 者都请进大门！

　　这场没有硝烟的战争打到 3 月中旬的时候，大油田区终于占了上风。3 月 18 日，由 12 人组成的调查小组（9 位来自大油田区，3 位来自纽约）与宾夕法尼亚铁路公司的负责人及南方发展公司的幕后开创人——斯科特联系，要求配合调查。

　　铁路公司怕激怒群众，又怕侵犯法律，马上承认该公司的各契约都是不合理的，很快地看风使舵，想请大油田区的各业主也与他们合作。调查小组认为不妥，还要去纽约，与纽约中央铁路公司的负责人继续了解情况。

　　调查小组一行人到了纽约之后，立刻见到纽约中央铁路公司的老总裁凡登·皮尔。虽身在纽约，但大油田区与南方发展公司的斗争他也是心知肚明的，凡登·皮尔总裁一见到调查小组，就满脸堆笑地说："弟兄们，你们都还好吧！真高兴今天能看到你们，老家的油田搞得怎么样啦？"然后他给每个人都递上雪茄，并不断地批评南方发展公司的条约不合理以及他们垄断市场的不正当行为，并把加入南方发展公司的一切责任都推到不在场的儿子身上。

　　当有人提到各铁路公司联合起来垄断市场，暗中分摊生意之事时，老总裁眯起了眼睛，假装不解地问："有这种事啊？我不知道啊！ 10 年前，斯科特好像建议过，那个家伙也真

是的！"

调查小组每问到关键之处，凡登·皮尔总裁总打哈哈，但这始终无法掩盖众所周知的事实，凡登·皮尔总裁还是以南方发展公司的名义，写了一封要求该公司成员与大油田区的各油主及厂商和解的信。但是，调查小组坚持不肯与该公司有任何瓜葛，不接受这封和解的书信。

3月25日，调查小组与各大铁路公司的负责人——纽约中央铁路公司的凡登·皮尔、伊利铁路公司的几位负责人、湖滨铁路公司的总经理克拉克（洛克菲勒之前的合伙人）、大西洋西部铁路公司的负责人及宾夕法尼亚铁路公司的经理，在伊利铁路公司的会议室开会。

会议开始的时候，调查小组首先提出对产油业的种种抱怨，之后就是威胁铁路公司必须要跟炼油厂商脱离关系，否则后果不堪设想。

当时，南方发展公司的负责人及元老哈尔逊正在隔壁房间开会，担任会议主席的湖滨铁路公司负责人克拉克建议请哈尔逊进会议室，因为事情已经牵扯到南方发展公司的利益，有必要听取其意见，但是调查小组大加反对，坚持不与任何南方发展公司的人员会谈。此举令克拉克勃然大怒，公开表示他与哈尔逊是老友，一定要请他参加会谈。

这个会议召开得真是无比精彩，当哈尔逊由洛克菲勒陪同一起进入会议室时，没想到调查小组人员马上起身离开，使得哈尔逊与洛克菲勒非常难堪。这件事第二天就出现在了报纸上，会议的整个过程自然被描述得绘声绘色。

事情被报纸渲染后，宾夕法尼亚铁路公司的负责人赶快充当和事佬，建议取消与南方发展公司所制订的所有条约，另拟约定，对所有愿意参加的油业人士，平均分配原油及运输的生意。克拉克立即表示赞成此项约定，宾夕法尼亚铁路公司的负责人当场就草拟了协议，南方发展公司与大油田区及纽约来的代表——调查小组在协议上签了字。

新的协议书上注明任何公司都不可以拿回扣，也不允许有任何的特权或均分生意的现象。这份协议表面上看来还算公平合理，但对匹兹堡和克利夫兰而言，就显得不是很合理了。两地要花每桶 50 美分的运费将原油运进工厂，再花 1.35 美元的价钱把炼好的石油由克利夫兰的工厂运往纽约出口。而大油田区的厂家在提炼之前，可以就地取材，不必花运费；提炼之后，他们也只需花 1.35 美元的运费把炼好的石油运往纽约各地。如此算来，他们每桶油的成本比克利夫兰省了50 美分。在纽约当地的厂家，虽然原油需要花运费，但提炼后的油可以在当地直接销售，不用再花运费，无形中他们也占了便宜。

新协议签订后，双方在表面看来好像已达成和解，实际上仍相持不让。大油田区的强硬派仍不肯卖油给标准石油公司。但标准石油公司产量大，一旦停止原油输入，提炼油的生产就会受到影响，马上就会影响到铁路公司的生意。标准石油公司是大公司，对原油的需求量在当时也是最大的，大油田区少了这么个大客户，生意自然也会受到严重影响。

这种相持不让的局面一直持续到4月初，有一个油主自己打开僵局，勇敢地将原油卖给标准石油公司。虽然这种做法遭到了强硬派人士的极力反对，但总会有不同的声音，有人出面说："我们只有一个解决办法，那就是如果有一个人与敌人来往，其余的人应该个个跟进！"随后，洛克菲勒也出来表明他与南方发展公司或其他铁路公司没有任何协议，愿意与所有的产油业主恢复生意。刹那间，油田主人个个欢欣，一场商业风波就此渐渐地平息下去。

风波是渐渐平息了，但它留给人们很多思考。南方发展公司的组成是因为铁路公司要平均分摊生意，所以仓促地联合克利夫兰、匹兹堡及费城的炼油商一起组成公司，因而得罪了大油田区的业主们，他们认为铁路公司和炼油商要垄断市场。

随后，这种畏惧少数人垄断市场的心理很快感染到群众，再加之媒体的作用，因而掀起一场大风波，广大民众对此非常不满。洛克菲勒虽然小心谨慎，做事精打细算，但他不了解大众的心理，使自己的名誉受到损害，并多次在事业上吃亏。

不断收购公司

洛克菲勒加入南方发展公司，使其在事业和名誉上都摔了一跤，或许他不应该加入这么一个没有正义、没有纪律的集团，但事件的平息对他而言也是件天大的好事，并激励他积极地进行小厂的合并，以完成他一生的宏愿。

当时，克利夫兰仅有两家规模大且声势相当的大厂，一个是标准石油公司，另一个是克拉克—潘恩公司。1871年年底，洛克菲勒结交了既具有显赫家势又头脑灵活的奥立维·潘恩，而潘恩就是该公司的大老板之一。潘恩家族不但有钱，而且在社会上有名气和地位。洛克菲勒需要利用他在社会上及政治上的力量来为自己服务，于是便邀他入股。当时克拉克—潘恩公司陷入经营困境，几乎赚不到钱，正好需要财力上的支持，所以在标准石油公司决定增资时，潘恩就立刻答应洛克菲勒的要求，把公司重新估价，并入标准石油公司，自己与克拉克变成新公司的股东。

在收购克拉克—潘恩公司以前，洛克菲勒早已买下克利夫兰的斯坦利炼油厂，后来又买下纽约的波斯韦炼油厂，从此他的势力渐渐由克利夫兰向纽约延伸。

1872 年，正当外界为两大集团之争而闹得风风雨雨的时候，具有野心而又冷静的洛克菲勒在家乡陆续地合并小厂，一步一步实现组成一个大企业的理想。

到 1872 年年底，他的企业王国已包含了 34 个大小工厂，洛克菲勒逐渐走向大企业家的梦想，进而称雄整个世界。

洛克菲勒对小厂不断收购，企业的规模越来越大，约有 1600 名员工，每星期要发 2 万美元的薪水，每天出产的石油约 1 万桶，与大油田区或纽约全区的产量相等。许多人认为他的野心太大了，很多经营不景气的小厂都被洛克菲勒买下来，资金的投入太大，他们都认为他合并而成的公司不会生存得太久，但洛克菲勒对自己却非常有信心，仍不断地策划新的经营方针：

第一步，调整运输费。洛克菲勒觉得上次与大油田区请来的调查小组所拟定的运费偏高，便又派弗拉格勒去商量，精明能干的弗拉格勒终将精炼油的运费由每桶 1.35 美元降到每桶 1.25 美元。湖滨铁路公司因为害怕失去大客户，也就顾不得什么协议，完全照弗拉格勒的指示去做。

第二步，增产其他副产品。因为合并进来的工厂，有许多是专门生产副产品的，所以，标准石油公司逐步计划生产煤油、染料、油漆、蜡烛、润滑油等。

随着小厂的不断并入，新公司也不断壮大，所以各方面的人才都十分紧缺，潘恩在公司的行政和对外社交上扮演着与弗拉格勒相同分量的角色，并负责从社会上招聘大量人才。洛克菲勒除关心手下大将之外，对一般员工也很和蔼可亲，并能清楚地记得他们的名字和面孔。他仍和从前一样谨慎与节俭，譬如，每个装石油的木桶上都有一圈铁箍，洛克菲勒派人去做实验，看少用几英寸铁箍会不会降低木桶的坚固性，实验的结果是否定的。于是，这项新的发现使公司每年又减少了许多铁的使用，降低了成本。

洛克菲勒做任何事都是非常冷静、彻底的，他含蓄、果断，有信心，对事业上的各项事务，他总是不断地计划和分析，并不是随随便便就算了。他最痛恨的就是石油工业中产油业与炼油业两方面都混乱不堪，他希望清除市场的纷乱，使石油业有一个健康的市场环境，永远繁盛下去。这是洛克菲勒一心一意想做的事情，也是他多年的梦想。所以他逐渐地削减克利夫兰的小厂，把它们合并到自己旗下，虽是以盈利为目的，但多少也抱着使石油工业统一化的理想。

当洛克菲勒在家乡施展抱负时，其他地区的炼油同业因南方发展公司的解散，而呈现市场混乱的局面。于是又有人提议大家联合起来，此次包括产油协会人士，他们重新签订协议，这次的提议被称为《匹兹堡计划》。该计划由在匹兹堡的华顿及洛克赫二人发起，最主要的目的是想把炼油业组织起来，不再产生纷乱的局面。洛克菲勒认为这是非常不错的构想，也正好迎合他合并小厂的初衷，于是他抱着试试看的态度，亲自到大油田区去对每个炼油厂商做思想工作，邀请大油田区的炼油业也加入这个组织。没想到的是，大油田区的炼油业首领亚格勃等人一看《匹兹堡计划》，非常赞成，于是《匹兹堡计划》就催生了"全国炼油工业协会"的成立。

全国炼油工业协会成立于1872年9月，洛克菲勒任主席，大油田区的凡登格任副主席，东部来的帕特当会计。

不难看出，这是一个势力均衡的合作。协会是一个开放性的组织，任何炼油同业都可以参加，没有排挤任何炼油区，整个组织的行政人员是由各区公开选出来的。"协议"体现出来的这种公平性是其最成功的地方。

全国炼油工业协会协议中指出：协会规定每日原油的用量及其配额，必须在组织人员的监督之下，否则不可自由买卖原油。协会愿意接受各种批评和抱怨，在五年的协议期限内，会员如果退会，可于一年前通知协会。地区上若有3/4的退出票，则整个地区可退出该会。这个协议相比前次的协议完善多了。但是，协议上没有说明的是：他们要减少国内一半的炼油工厂，有计划地打击投机者。

就在炼油业有序调整市场的时候，原油业却十分不景气，原油产量过剩得叫人惊心，各产油业主相互争夺开采，恶性竞争，结果导致市价大跌，谁也赚不到钱，整个原油业陷入困境。面对这种境况，他们自己也提议组织起来，建立一个"原油生产协会"，会员包括大资本及小资本的各原油业主，目的是节制原油的产量。结果，禁令一颁布，市场就趋于平稳，禁令一旦撤销，大家便又加紧开采，使得价格猛跌，市场波动不断。

在这种情形下，埃森只好想出另外的办法来节制产量、控制价格。他建议成立一个"原油代理公司"，投入100万美元资金，向所有的产油商购买原油，每桶不可低于5美元，若市价相当于5美元则付现款，若市价不到5美元则将原油贮库，付一半现款及一半贮藏的收据。该代理公司的股东必须是合法的产油业主，如果市价偏低，该公司的股东就开办炼油厂，或利用其他方法来提高市价。同时，他们也将不断地用科学方法调查市场，统计开采的油田产量及存货。总之，该公司的目的仍是控制原油的产量和价格。

但是，这个协议只有大油田业主赞成，小的油田业主非常反对。任何人都知道这种组织会渐渐由大股东控制，而吞下整个产油工业。小资本的油田业主非常强烈地表示不愿合作，并且仍不断地开采石油，使原油生产协会定的油价与现实市场脱节，原油业也面临重重困难。

然而，洛克菲勒是非常支持这一组织的，他希望原油业能由一个强大的组织控制，炼油业也由一个强大的组织控制，然后两个集团之间互相合作。所以，当原油生产协会成立的时候，洛克菲勒立刻派标准石油公司的人前往购买了6000桶原油（每桶4.75美元），并表示他们之间日后将会有许多合作的机会。洛克菲勒很有诚意，想与大油田区取得默契，三番两次邀请埃森派人与全国炼油工业协会的人见面。但埃森仍未忘旧恨，对洛克菲勒的热情反应很冷淡，并发誓不与南方发展公司的人合作。洛克菲勒是一个做事很有毅力的人，只要是他认定的事情，不管面对多大的困难，他总会找到解决的办法。

1872年12月19日，双方人员于纽约的第五街旅馆签订了协约，原油生产协会在提多维通过该协约，于12月23日生效，称为《提多维协约》。

《提多维协约》是完全支持两个协会的。原油的买卖一定要由原油生产协会经手，不得擅自买卖，油价规定每桶5美元，于是油价得到合理的控制。此外，原油业主不可滥掘油田，肆意开采，炼油业主也不可与铁路公司勾结，如此双方互相牵制，以达到节制原油产量、平衡油价的目的。但事实上，原油生产协会根本管不住油田的业主，有的油田主把每桶5美元的油价降至每桶3.25美元，有的油田主卖到每桶3美元甚至2美元。不合作的油田主从头到尾滥开价钱，使得这个协约只维持了二十几天，便不得不在1873年1月15日宣布废除。

协约撤销后，原油的生产量即刻猛增，市价自然也就大跌，原油市场再度出现混乱的局面。但值得一提的是，标准石油公司很守信，纵然有油商提出每桶2.25美元的低价，他们仍然坚持一切依协约行事，这点非常符合洛克菲勒的办事风格。

随着原油业再度陷入困境，炼油业也受到了影响，全国炼油工业协会也走向了即将解散的末途。会员不合作、不按时缴纳会费，董事们随意通过提案，1873 年 6 月 24 日，全国炼油工业协会宣告瓦解。但是，这并没有对洛克菲勒产生消极的影响，反而更增强了他要利用合并的步骤完成石油工业统一化与规则化的信心。

合并

两大协会宣告结束之后，洛克菲勒在市场极度混乱、波动的情况下，还能使工厂正常作业，并能赚到不少钱，这更加大了他称霸石油王国的信心。

洛克菲勒将老家克利夫兰的炼油厂全部合并为一家。接下来，就是完成纽约及东部地区的合并。在纽约地区，他合并的公司除了波斯韦炼油厂及长岛炼油公司外，更值得一提的是，实力雄厚的得福制造公司也被罗致旗下。

洛克菲勒把克利夫兰作为基地，开始向西部开拓市场；把纽约作为东方的基地，向东部发展并发挥其外销欧洲的威力。然后，再进行费城及巴尔的摩地区的市场开拓。

可以说，洛克菲勒的企业在当时已是所向无敌，但他经营的只是单纯的炼油业，有关原油的购买、运输及零售则全靠中间人或批发商。洛克菲勒认为这样还是受制于人，于是，就买下做批发生意的奇斯—卡利公司的一半股权，该公司的批发部门对标准石油公司来说是最有用的，因为它可以帮助标准石油公司开拓南方的市场。

洛克菲勒是一个非常会用人的老板，当他买下某公司时，他一定会让原负责人留下，不但继续担任原来的职务，还要重用他们，使他们心甘情愿地为新公司效劳。譬如，波斯韦炼油厂在被洛克菲勒买下后，波斯韦仍在新公司继续做他的买油工作，这样一来，公司不但增加了资产，更增加了许多有经验的人手，便利行政方面的工作。

但是，天有不测风云，当标准石油公司在炼油及行政各方面都做得得心应手时，却传来一个坏消息！宾夕法尼亚铁路公司辅助的帝国通运公司合并了大油田区的两条主要油管。

洛克菲勒得到消息后，十分不悦，万一油管、油路落到他人手中，洛克菲勒公司的石油运输就会受到威胁。为解决这一难题，洛克菲勒决定自设油管。洛克菲勒请波斯韦的代理商人奥泰来办理这件事，奥泰不但是个精明的商人，对管道交通也是内行。他在1873—1875年两年间建了一条由艾明顿至新克莱伦郡地区的联合油管；又于1874年左右合并了美国客运公司的油管，长达125英里，有140万桶的运油量。从此，洛克菲勒不必担心他人垄断油管了！

洛克菲勒自建油管的举措令铁路公司更伤脑筋了。1873年正是经济衰竭时期，几家大铁路公司都抓着标准石油公司这种大客户不放手，比如伊利铁路公司要与标准石油公司商议，不要把运货的生意全给纽约中央铁路公司，他们也要分得其中的一部分生意。洛克菲勒和弗拉格勒表示，他们之所以让纽约中央铁路公司运油，是因为纽约中央铁路公司愿意将所有的货品运往标准石油公司在纽约的转运站，同时不再加收任何额外的费用。伊利铁路公司在新泽西州也有一个中转站，专门作为炼油公司的转运站，但该公司往往增加额外收费。伊利铁路公司为了要做这笔生意，想了一个两全其美的办法，让标准石油公司租借新泽西州的转运站——该公司全权使用该地。但是附加条件是，标准石油公司不可让其他公司运货。伊利铁路公司的运费降到跟纽约中央铁路公司的价钱一样，于是生意顺利做成。

这笔生意使标准石油公司向前跨了一大步，他们租下伊利铁路公司的转运站，借此向东扩大市场，并与伊利铁路公司建立起良好的合作关系。对标准石油公司而言，最大的收获是捡到了便宜的运费。

1874 年年初，洛克菲勒又继续他合并其他公司的计划，开始向大油田区进攻，当地第二大炼油厂——皇家炼油厂的老板是凡登格，洛克菲勒说服他将炼油厂卖给他。在洛克菲勒成功收购皇家炼油厂后，大油田区的其他厂家都为之动心。这一年是属于洛克菲勒的一年，他在纽约合并三大工厂，又租、买下两个石油转运站，产业不断扩大。

洛克菲勒的事业正在如火如荼地展开。在国内，老练的波斯韦购买原油，由被并入的奇斯—卡利公司来销售产品；在国外，弟弟威廉·洛克菲勒又成功开拓了广大的海外市场。再加上技术不断改进、副产品工厂的欣欣向荣、两大铁路公司的合作等各方面的配合，标准石油公司已初步实现洛克菲勒的梦想——统一化的企业。

　　在事业顺利发展的同时，令洛克菲勒更为欣喜的是，1874年1月27日，他们夫妇期盼已久的儿子终于降生了。洛克菲勒夫妇已有三个女儿，儿子的到来对洛克菲勒家族来说，真是大喜之事。

　　1874年，市场还是呈现不景气的现象，无论铁路公司、油管公司、大的油田业主和炼油厂商都希望少有激烈的竞争，希望市场被控制得井井有条。

　　就在这一年，市场渐渐出现了一种新的现象，那就是各行业的大资本都团结起来，抵制小资本的独立公司，使他们处于不投降就被毁灭的境地。

　　率先开始联盟的是原油产业，他们再度协议停止产油以达到平衡市场、缓和跌价的目的。4月，大油田业主也协议停止开采90天。这项协议完全是为大资本油田主着想，因为他们有存油，可以慢慢等，但却忽略了小资本的独立油田主。

　　市场出现这种情况，小资本油田主自然反对，但抗议的力量不够大，也只好服从多数。不可否认的是，这个办法确实稳定了市场，也使下跌的油价开始回升。由此不难看出，这些大油田主和炼油商走的其实是相同的路——以大制小来巩固市场。

之后开始联盟的是炼油业主与铁路公司。他们共同打击的目标是小的独立公司，纽约中央铁路公司及宾夕法尼亚铁路公司看到伊利铁路公司于 1873 年从标准石油公司接到一笔大生意，十分眼红，于是想再度调整和分配路线。经过中间人波特的调停，新的协议产生了：

第一，路线由三大铁路公司平均分配：宾夕法尼亚铁路公司占货运的 50%，伊利铁路公司、纽约中央铁路公司各占 25%。

第二，货运的费用增加，并仍有回扣制度。

第三，大油田区已炼制好的石油由工厂运至纽约等港口出口的运费，等于将原油运到克利夫兰的炼油厂，再由炼油厂运至港口两趟运费的总和。

众所周知，大油田区的工厂一向设备老旧，技术落后，这个新协议对他们无疑是当头一棒，大油田区的厂商被打击得奄奄一息。

再之后开始联盟的是大油田区几个大油管公司和铁路公司，他们开办了联营式的经营。在大油田区约有 3/4 的油管公司参加了这一组织，要求每桶经过油管的油收价 60 美分，其中 38 美分给运油公司本身，另外的 22 美分交给协会，由所有联营的公司平分。

对独立公司而言，铁路公司的加入是致命伤，因为由油管到火车这一段，铁路公司每桶要收油管公司 22 美分，如果该公司属于联营组织就可退费，若是想抢生意的独立公司就得不到铁路公司的退费。于是就算联营油管收 30 美分一桶，独立公司收 10 美分一桶，但到了铁路这一关，独立公司还要再收 22 美分，加起来还是要比联营的运费贵 2 美分。这也是一个令独立公司不投降就遭毁灭的强硬手腕。

如此看来，大而有势力的油管公司、铁路公司和炼油工厂全都一起合作，小的独立公司势必会遭到淘汰，这是早晚的事。

洛克菲勒是该构想的始作俑者，野心勃勃的他乐此不疲，再度出马说服大公司与他合并。在一次炼油业的会议上，他又赢得费城、匹兹堡和纽约老板们的信任，各个老板前往标准石油公司进行参观，并了解作业情形。这一行，最令他们心动的是标准石油公司每年的利润非常高，于是顺理成章地签下了合并的合同。

连锁的企业王国

1874 年 10 月，费城的华顿、匹兹堡的洛克赫和费由以及纽约的帕特和罗吉斯也都纷纷加入。洛克菲勒赢得了费城最大的炼油厂、匹兹堡约半数的炼油工厂及纽约最大的铁路公司。洛克菲勒在这次合并中，得到的不仅仅是资金、产业，更难能可贵的是人缘，这些原有企业的主人也愿意留下来为洛克菲勒效劳。

这么多的业主都聚集在标准石油公司名下，大油田区的亚

洛克菲勒

格勒终于也有了动摇之心，同意与标准石油公司合作了。

亚格勒的加入可能是标准石油公司最高兴的事了，亚格勒潇洒、聪明、能干，马上就在集团中活跃起来，接二连三地替公司拉进了大油田区的五个独立公司。但洛克菲勒仍不满意，他最初想的合并路线是纽约—匹兹堡—巴尔的摩—帕克斯堡—大油田区，把这一路线上的厂家全都联合起来，与他本身的公司组成一个大型的、有建设性的联盟。于是中央炼油协会继全国炼油协会之后再度产生。协会表面上欢迎所有炼油商参加，行政人员也由选举而来，但实权却掌握在洛克菲勒手中。协会的主旨为控制所有原油的买卖，规定精炼油的价格，并由协会出面与铁路公司及油管公司谈运费、分

回扣。这个中央炼油协会其实就是洛克菲勒的梦中王国，一个连锁的企业王国正在逐步形成。

1875 年 3 月，这个"王国"的资金已增加到 350 万美元，董事人数也增至 13 人。此外，还有很多的名流——伊利铁路公司、纽约中央铁路公司也是他们的股东。

洛克菲勒的公司在一步步壮大的同时，也存在发展的隐患。目前的资金虽然充足，但原油市场仍未完全被控制，而且竞争对手也不在少数。于是，他们决定把敌手尼亚—格兰公司买下。可是收购一家与自己有竞争力的公司谈何容易，起先该公司一点也不愿意，经过几番周折老板才终于肯将自己的公司卖给纽约的帕特公司，殊不知帕特公司早已属于标准石油公司了。

尼亚—格兰公司加入之后，标准石油公司从此控制购买原油的市场，不但自己无后顾之忧，还拉来许多尼亚以前的老客户。如今他们不必担心被中间人威胁，可以控制独立工厂的原油需要了。

洛克菲勒又准备再扩大铁路路线的范围。匹兹堡和辛辛那提之间有一片土地，陆陆续续地在生产原油和炼油，有一家新铁路公司从巴尔的摩和俄亥俄州路经该地。洛克菲勒是一个非常具有前瞻性的人，他料到铁路一定会带动起这片沿俄亥俄河的土地的繁荣，以后势必威胁到标准石油公司在南方、西方甚至东方和北方的市场。所以他采取的手段仍是老办法——笼络该地的大厂商，再由该地的大厂商来吸收小资本的厂商，进而合并这块未被开发的土地。

　　洛克菲勒第一个看中的就是卡麦登。卡麦登在帕克斯堡有一个炼油厂，但生意并不好，他一直羡慕像标准石油公司这样的大厂，于是，他自己先提出加入集团的建议。加入之后，卡麦登的公司对外独立作业，对内分股份，所以，没有其他公司知道他已被合并。

　　洛克菲勒交给他的重要工作就是负责拉拢所有巴尔的摩及俄亥俄河沿线东至辛辛那提，南到匹兹堡地区的小厂。此项工作完成之后，标准石油公司的领域将包括西弗吉尼亚州、俄亥俄州、马里兰州，这种拓展既能保护到北方的市场，又能开拓南方市场。卡麦登很卖力，他一个接一个地拉进许多小厂，慢慢地接近原定目标。

　　亚格勒就在大油田区以同样的手法收购小厂，洛克赫也在匹兹堡收购了一些厂，华顿在费城吸收了富兰克林石油公司，帕克与罗吉斯也在纽约方面颇有收获。每个人都大展才华，个个为标准石油公司效命，以实现统一的愿望。

　　正当标准石油公司向四方拓展时，各铁路公司因巴尔的摩—俄亥俄铁路公司加入货运路线，开始有所警惕。四大铁路公司又聚合在一起，开会讨论分摊标准石油公司的货运生意。结果宾夕法尼亚铁路公司占51%，伊利铁路公司和纽约中央铁路公司各占20%，巴尔的摩—俄亥俄铁路公司占9%。此协议虽然平定了一时的争执，但宾夕法尼亚铁路公司和皇家油管公司都开始提高了警惕。标准石油公司如此具有野心地扩建,眼看就要控制整个炼油业,如果洛克菲勒的目标实现了,必将操纵所有的运输量,间接地也将控制铁路公司的生意,于是,他们计划抵制狂妄的洛克菲勒。从这点不难看出,洛克菲勒的机构已非昔日的区区小厂,而是能够影响整个行业经济的大企业了。

托拉斯时代

托管小组的成立

19世纪70年代中期，洛克菲勒非常具有野心地扩建、合并远近的同业工厂，终于完成他的心愿，统一了炼油业。到了70年代末期，如何使这些被合并的公司全部合法受制于标准石油公司成了日夜困扰他的难题。下一步，洛克菲勒必须精心地创造一个特殊结构，使标准石油公司对外能合法地占有各个工厂，收取利润；对内又能使各个工厂联合起来，步伐一致地生产，成为纪律严明的公司。

当时，俄亥俄州的法律是不允许该州的公司拥有其他州公司的股份的。所以，合并他州的厂家也是不合法的。为了达成自己心中宏伟的事业蓝图，洛克菲勒只好利用当时的法律漏洞，当然这种做法并不值得我们效仿。最初，洛克菲勒买下纽约波斯韦公司时，他分给波斯韦现款和标准石油公司的股票，并让原先的公司仍属于波斯韦的名下，允许他负责业务，但经营的方针要与标准石油公司一致。从法律上来说，波斯韦的公司是独立的，与标准石油公司毫无关系，但年终的利润却要交给标准石油公司。随后，当标准石油公司买下第二家纽约的公司时，洛克菲勒改变了转移手续。他将新公司的股份改为委托人——弗拉格勒秘书的名下，以遮掩外界的耳目。虽然政府也曾来调查，但标准石油公司却强调这些股份仅是委托给弗拉格勒的，没有任何法律能证明标准石油公司收购了它们。政府固然抓不到证据，但洛克菲勒却因此开始警惕，为减少今后不必要的纠纷，他还是请来了律师商量对策。

1879 年，蓝尼律师建议公司成立一个三人委托小组，将公司 37 个股东的产权及公司各种股票和附属公司的股票，全委托在他们的名下。他们只是傀儡，没有一点实权。到了每年年终，只要将所有的红利按股份分给股东就可以了。这个新的方法受到了指责，洛克菲勒曾为此亲自出庭作证，抵死不承认用任何直接或间接的手法合并任何工厂。由此看来，这个办法并非尽善尽美。1879 年，在洛克菲勒想把标准石油公司总部迁至纽约之际，著名律师托德加入了他们的组织。他一上任，就替洛克菲勒想了以下三个策略：

第一，将整个企业划分为总公司及附属公司，总公司有权管理一切附属公司的业务和股份（因为当时法律不允许这种结构的公司存在，此建议是行不通的）。

第二，把合并公司的股东算成总公司的合伙人（这个建议也随即被推翻，因为这种措施在法律上或行政上会产生许多不便，一旦合伙人本身有破产或死亡现象就会给公司带来许多麻烦）。

第三，形成"托管委员会"，选出受益人。股票设于托管委员会名下，而受益人才是有实权管理业务之人（这个建议经过研究、考虑，终被采纳）。

第三条建议想得很周到，又没有触犯法律。托德律师这样解释："主旨上我们要合一，但又不能违犯法律，所以我们要将各州公司的财务各自分开，各有自己的账簿、股份及董事，这样，在法律上各公司仍是分开的、独立的，不必重复交税。但我们可以令各州的公司都用相同的名字、相同的经营方式，并且由一个共同的执行委员会来指挥。然后，把整个企业的股份交给托管小组（由公司的大股东担任）经营。公司将以托管小组的名义发行证券，各股东凭此券每年分到应得的红利。如此一来，看似分散的各公司事实上是由托管小组掌管的。"

1882 年 1 月 2 日，标准石油公司召开股东大会，组成 9 人的托管小组，掌管所有标准石油公司的股票和附属公司的股票。这九个人是：约翰·洛克菲勒、奥立维·潘恩、威廉·洛克菲勒、波斯韦、弗拉格勒、华顿、帕特、亚格勃及希鲁斯特。总部设在纽约，负责所有公司在纽约及新泽西州的业务，等到适当的机会，再在其他的区域组织标准石油公司。这九个人不但有权管理整个业务，还有权雇用及指挥其下属。

托管小组组成之后，公司马上发行了 70 万张 100 美元的证券交给其管理，每年股东就凭此分红。接下来的工作就是选出执行委员会，委员仍是那九个有权有钱的大股东。等执行委员选好之后，1882 年 2 月，洛克菲勒将公司总部迁往纽约。然后，再如计划中所定，在每一州都设立一个标准石油公司。虽然该计划没有完全实现，但也曾在新泽西州（由弗拉格勒总管）、肯塔基州、印第安纳州、内布拉斯加州、堪萨斯州及加利福尼亚州设立公司。

工业界新纪元

经过不断努力，洛克菲勒合并了四十多个厂家，垄断了全国 80% 的炼油业和 90% 的油管生意。他如愿以偿地创建了一个史无前例的联合事业，这不但出乎他自己的意料，也为工业界开辟了一个新纪元。于是，各行各业的大厂家都群起而效之，直到新泽西州改变法律，允许本州公司兼并他州公司时，热潮才平息下去。洛克菲勒的事业蓬勃发展，为他带来了可观的财富，在全公司 70 万股的股份之中，他已占了 10 万多股，约占全部股份的 2/7，这笔庞大的财富使他成为当时世界上的巨富之一。

此时，精明的洛克菲勒已步入不惑之年，但他仍然健壮、沉默如昔，只是饱经世故的他，在成功之后更具有敏锐和过人的观察力。不了解他的人常把他的沉静看成冷漠、孤傲，其实他为人友善，只是他并不是个喜欢接近大众的人，所以外界的人士或商场的对手无从了解他，只能凭对他外表的些许印象，来猜测他的个性。

洛克菲勒在很小的时候，就是一个非常勤劳的人，这点受他母亲的影响很大；白手起家，年纪轻轻就懂得如何在商场争得一席之地，这点倒是遗传自他的父亲。洛克菲勒的这一切均得来不易，需要他长时间的默默耕耘，不管遇到什么困难都能咬牙挺过来，并凭借他聪明的头脑和善良的为人，赢得贵人的相助，他沉默却苦干的个性就是在长时间的商业经营中练就的。洛克菲勒成功之后，更是日理万机，更需面对商场上的各种对手，于是，他变得更谨慎，更懂得保护自己。外界看到的都是他坚强的一面，因而误认为他是个冷漠无情的人。

在企业管理方面，40岁的洛克菲勒也显得更加成熟和游刃有余，不再像往日一般计较小节，而是着重于公司的主要方针。他每天虽然要面对无数的大小事件，但他从不对员工发怒或情绪激动，他总是非常友善地接受他们的意见和批评，也听从他们提出的好的、对的建议。他更是时时刻刻地关心着他们的身心健康，他曾亲笔写信给卡麦登，叫他去休假并表示不会扣除期间的工资。他的热情与外界认为的寡情看来是大有出入的。洛克菲勒对于外界的误解，一向泰然处之，从不站出来为自己争辩什么。

洛克菲勒说："一心不可二用，如今我全神贯注于扩厂、建厂,我绝不停下来与毁谤我的人计较,时间会还我公道的。"

弗拉格勒刺激他说:"你的皮真厚得像犀牛皮一样!"

洛克菲勒仍冷静地回答他说:"我不喜欢参加争辩。"

直到他步入老年时代,他才承认当初的社会舆论常常刺痛他的心。在经年累月的商场竞争中,洛克菲勒也是身心俱疲,唯一能够让他得到放松的地方就是克利夫兰的"森林山庄"。山庄里有成片的树林,每当洛克菲勒来到这里就会想起他的童年,父亲常常离家到西部去旅游卖药,母亲却常常到山庄来与他们共度夏季。他在那儿养马、宴客,并与他的妻子、儿女、年迈的双亲,度过了许多个宁静的夏季。

骑马是洛克菲勒唯一的爱好,也是他唯一的一种运动方式。当他感到倦怠时,他就去骑一个小时的马,让自己飞驰在原野中,让身心舒畅,骑完马后,他会再回到书桌前面处

洛克菲勒和家人

理生意场上的事情。洛克菲勒不是个喜爱舞文弄墨的人，在克利夫兰时，他们家族从不去看戏或欣赏歌舞表演，搬到纽约之后才有些改变。他也不喜欢看小说或杂志，只是偶尔听妻子和孩子给他读一两段精彩的故事，唯一使他入迷的只有《宾虚》这本历史小说。除此之外，他只阅读他崇拜的《圣经》。

洛克菲勒的信仰随着他事业的成功而加深，他虽不参加任何艺术性的聚会，但教堂的聚会他却从不缺席，并且为教会及贫困的人做了许多事情。自从洛克菲勒有了经济能力，捐钱给教会就成了他的一种习惯，数目自然与他的财富成正比。4年间，他的捐款由每年2万多美元增加到每年11万美元。但是捐赠也不是盲目的，因为在当时，洛克菲勒是有名的富翁，很多人都找他捐款，利用他的恻隐之心，在这种情况下，洛克菲勒总在捐款之前问清求助者的动机和目的，如果他认为合适，他才接济。他喜欢用私人的名义捐钱，他捐钱的对象并没有国籍和种族的区别，只要目标正当他就捐。他还鼓励他的孩子们也养成这种好习惯，勉励他们把工作得来的零用钱捐出来，以示诚意。

洛克菲勒捐起钱来总是很慷慨，但他自己花钱却总是很谨慎，从不在自己身上有奢侈的花费。同时，洛克菲勒还是个讲求实际的人，这种作风从他家中的布置上就能体现出来。他喜欢阳光，于是，大厅中的窗子全不用窗帘，家具只求实用，颜色也只求自然。他和妻子对艺术都很少有研究，不会将实际和美感合而为一，所以，他家中的布置略显得生硬和单调。

通过这些小细节，我们可以拼凑出洛克菲勒的生活和个性。其实，他也像普通人一样有多面性，只是因为先天个性较沉静，及后天商场的现实，使他深藏起自己的本性，以致一般人很难接近和了解他，所以，他也无法像历史上其他伟人一样，处处受到爱戴，这看来也似乎是常理了。

托拉斯的形成

洛克菲勒用他谨慎的商业头脑，成为美国石油行业的一枝独秀。通过小厂的合并，他对石油行业的垄断逐渐开始形成，成为托拉斯的创始人。托拉斯——资本主义垄断组织的一种形式，生产同类商品或在生产上有密切联系的垄断资本企业，为了获取高额利润而从生产到销售全面合作组成的垄断联合。从前面洛克菲勒的一切商业行动中不难看出，这种商业垄断是他梦寐以求的愿望。但是，洛克菲勒能由一个小职员爬到托拉斯的创始人，这期间他所付出的努力、坚持、心血都是常人无法想象的。洛克菲勒从来没有想过要用创立托拉斯制度来对工业界产生任何影响，这只不过是他实现统一混乱市场的愿望。直到他老年的时候，回忆起这段时光他还沾沾自喜地说：

到现在，我才知道我们当时处于一个时代的转折点，个别竞争的做生意方法已渐渐被淘汰，取而代之的应是联营制度。我们公司首当其冲地建立了托拉斯，实在是一种革命性的举动，这使世界从此改变管理及经营的方法，阻止了盲目的竞争，统一了混乱的市场。

　　洛克菲勒的托拉斯包括经营油田、控制油管、炼油、出产副产品，并制造一切与炼油相关的产品。在管理方面，他们控制了内、外销售市场，订立统一的业务方针，鼓励发明新产品等。这一切就像一架机器的各个零部件，分开时仅是滚动的零件，合而为一时，却是一部有着很高效率的机器。洛克菲勒的事业可谓是如日中天、如火如荼地开展着，有关石油的各个领域都发展得非常顺利。

　　油田方面：从1887年开始，洛克菲勒就着手购买油田。这一举动是很明智的，这使标准石油公司在宾夕法尼亚州油田减产和中部油田断续开探时，没有受到原油缺乏之苦。起先是在宾夕法尼亚州及西弗吉尼亚州的油田购买，后来曾大量在俄亥俄州的利玛油田区购买。

　　油管方面：标准石油公司所属的管路四通八达，西到芝加哥，南到肯塔基，东达匹兹堡和纽约。再加上油管终点站的油库、抽油站、供应修理厂，及各地运输站的各种收入，利润之巨令人咋舌！

　　炼油方面：早在1880年中期，标准石油公司旗下共有

40 家炼油厂，多数分布在纽约的布克林，共有 23 或 24 家；匹兹堡十五六家；克利夫兰及费城各五六家。规模最大的自然仍是克利夫兰的老厂。各厂的产品不同，最重要的当然是照明油和挥发油。此外，还有润滑油、煤油及石油。当时，燃灯油的市场需求是最大的，后来因为内燃机的发明，汽油的销售也开始有了很好的出路。再加上其他各种机器的发明，保护机器所用的润滑油也开始畅销了。福特制造的第一辆汽车用的润滑油就是标准石油公司生产的。在1870—1880 年间，挥发油和石油还没什么生意。标准石油公司为了推广业务，雇人改进当时的炉子，希望借此能为挥发油及汽油打开一条销售道路，研究成功之后的炉子也确实很畅销。再加上机器市场的需要，挥发油的生意好是意料之中的事，后来甚至都已经供不应求！ 1891 年，洛克菲勒命令助手们暂时停止东部波士顿的炉子和石油的推销，而将石油供应到机器市场去。由此可见，当时的石油市场是多么兴旺。

副产品方面：洛克菲勒是一个讲求物尽其用的人，炼油剩下的残余物，他都要制成各种副产品。像炼油之后所剩下的油脂，用来做润滑剂，残渣可提炼成凡士林和制造蜡烛的石蜡。此外，还可做染料、干冰、油漆、去光水原料等。总之，标准石油公司陆陆续续地出产了约 30 种不同的副产品，采用与推销石油一样的技术，将这些副产品推广到市场。

洛克菲勒是个很节省的人，他希望托拉斯内部需要的一切都能自给自足，这样既降低生产成本，获得更大的利润空间，又不需要依赖或受到其他市场的牵制。他们自产炼油所需的硫黄酸、运油用的油车以及盛油的木桶。

还有一点，就是任何人太过贪婪，洛克菲勒就会马上出面干涉。在装油木桶尚未能完全自制时，标准石油公司将木桶包给一名叫古特的厂商去做。有一天，洛克菲勒与一名员工坐火车途经古特的家，员工叫洛克菲勒看一幢豪华房屋，洛克菲勒说："你知道这是谁的家吗？这就是为我们制桶的古特先生的家。这房子很贵，是吧，我看这位先生是太贪了一点！"回去后洛克菲勒马上查账，发现他赚的利润太多。经过古特本人同意，洛克菲勒将他的厂买下，然后送他标准石油公司的股票。还有一次，厂内有人提议，不用最上等的木材来做盛油桶的木盆，这样不致影响到成品，还可以省下很多钱，这个提议正好与洛克菲勒的经营理念相吻合，自然通过了。在采购时，洛克菲勒要求大量采购，因为可以有更多的优惠。他常强调做生意要经济、谨慎、有远见。这种信念深入每个员工的脑海，成为标准石油公司的座右铭。

托拉斯就像是一部大型机器，由许多的部件组成，每个部件都是不可或缺的一部分，任何一个小的部件都可能影响到整部机器的运转，所以都不能被忽视，这是管理方面很棘手的问题。托拉斯既然包含这么多工厂，如何一一管理呢？平时，各公司各为政，但一有问题时，却需要总公司来解决。行政方面报告执行委员会；技术方面的难题，先报告生产委员会，再请示执行委员会。执行委员会决定公司的一切方针。执行委员会的委员都是管理所有股份的托管小组的成员，既是大股东，也是标准石油公司打下天下的元老，所以，公司的营业、财政、产品、内外销市场等各方面都由这些人管理，并且由他们决定每家炼油厂产油的种类及其配额、市场的价格等。

在执行委员会之下还有各种特别委员会。这些特别委员会是联络工厂和行政部门的一座桥梁。他们每天会收到无数封由炼油厂、经销商、代理商、推销员等各方寄来的信件，经过委员们过目整理，分类精选，再反映到执行委员会。他们还将各部门的生产进度、营业利润的报表全部编号，分给同仁，以使彼此能互相激励。

很多重要的决议都是通过开会集体讨论而最终得出的。公司在纽约百老汇买下一间大厦，作为会议召开的场所。洛克菲勒是会议主席，他虽然很尊重他人的意见，但对于每个难题，他都希望当事人能把事实交代清楚；如果讨论之后，尚有疑惑之处，他绝不仓促做决定，大家再深入探讨，待大家将问题讨论清晰，洛克菲勒才做出最后的决定。托拉斯旗下的各公司虽庞大、分散、独立，但它们仍受制于纽约的总部，这使得大家方针一致、步调一致。

托拉斯能平稳进行的另一重要原因就是严密的账目制度。这一制度由细心的维拉斯提出并建立，每隔三个月，总部都会派专员到各分公司、各部门核查各种账目，由成本到售价，由投资到红利。每一项都认真、仔细核查，这也使得各分公司都严格遵守总部的财务制度，不敢有任何的马虎，更不会发生从中获利的事情。

还有一个重要的因素就是洛克菲勒的知人善用，洛克菲勒主张起用新人，不断地录用有才干有抱负的年轻人，给他们适当的环境和机会施展才华，公司的待遇也偏高，每年还有红利，如果对公司做出有利之事，公司还会给员工加薪。洛克菲勒对员工是非常优厚的，任何职员到别的地方出任新职时，洛克菲勒都会知会那家公司帮助他。同时，洛克菲勒也鼓励行政方面的人员加入更富创造性的行政工作。因为洛克菲勒本人就很勤快，热爱工作，所以他绝不允许任何员工偷懒分心。对外来说，洛克菲勒虽称霸商场，但对内来说他却是非常厚待员工的。

托拉斯制度

洛克菲勒是个商业天才，管理这么大的一个商业联合企业，他确实有一套很完整的制度。在技术及管理方面，他非常得心应手，但在市场的管理和控制方面，却令他非常头疼。标准石油公司虽然号称垄断市场，但是，从1870年年底至1890年年底，它们只占了全部市场的百分之九十或八十，从未百分之百地占有市场。

标准石油公司做梦都想实现真正的行业垄断，清除所有的竞争对手，于是，执行委员会竭力压制小的、独立的炼油厂，使其生产量永远不超过全市场的 1/5。压制的手段主要有两种：

第一，在运输方面压制小厂。标准石油公司在运输方面比独立工厂条件优厚，它们不但自己有油管输送原油，而且与铁路公司一直保持着良好的关系。尤其在 1887 年"州际商业协会"成立之后，他们不再拿回扣，铁路公司怕失掉这么一个大客户，一再向标准石油公司保证，不会过分优待独立工厂。虽然铁路公司偶尔让独立厂家低价运油，但也很谨慎不让小厂家在运费方面有可以和标准石油公司竞争的可能。

第二，控制市价。当与独立厂商在销售市场上竞争时，托拉斯就全面性地跌价，使小厂商在竞争之下，跌至亏本甚至倒闭。随后，托拉斯将倒闭的厂商低价买进来之后再回升市价。因为大公司的产量大，一旦跌价就会使得收入全面减少，同时，大公司开销也大，如果收入少，是否真的划算呢？这也不是一个十全十美的办法。洛克菲勒和他的助手们考虑得很多，他们想小公司多半很狡猾，他们可能会在大公司杀价之前，先赚一笔，等到大公司开始杀价之后，他们又紧缩市场，停止生产，一旦大公司跌价跌疲了，再把市价拉起来的时候,他们又恢复生产。所以洛克菲勒若不是十分有把握，是不会随便杀价的。如此一来，市场内的小独立工厂就无法肃清了，它们分布各处，常常冷不防地给大公司来上一击。这些小公司有的是想在炼油业争得一席之地，也有许多独立小公司想用这种手段，故意在市场上攻击标准石油公司，尽量使他们难堪，希望托拉斯在厌烦之余将他们买下，也好赚进一笔股份。

既然控制市价无法肃清所有的竞争者，标准石油公司又想到了其他办法。这个办法并不简单，就是每当有独立公司要将石油销到标准石油公司的地盘时，标准石油公司都会谨慎观望，如果是想抢地盘，标准石油公司就会跌价。标准石油公司为了维护自己的利益不会轻易跌价，所以跌价与否全依每天买卖的行情和独立公司的产量、运输量等而定。分销商和零售商都无法预先知道价钱，常弄得独立厂商糊里糊涂，无法随意地进攻市场。自始至终，洛克菲勒总是高唱"低成本，大市场"，他是薄利多销的忠实信徒。

标准石油公司的代理商往往情愿让小厂商在地盘内赚赚小钱（也有积少成多致富之人），也不愿降低价钱而减少收入。这个方法固然能维持公司的收入，但却无法完成垄断市场的宏愿。以大吃小不公平的姿态出现在商场，往往会引起世人的误会和不满。而托拉斯这种资本形式却永远影响了世界工业。

独霸市场

有一位名人曾经说过："不是罗马人为世界铺路，而是世界替罗马人铺路。"同样的，"世界也为石油铺路"。

石油业刚刚兴起的时候，人们认为石油最多只能用来照明，除此没有别的用途。但是等到第一架动力机器出现以后，石油一下爬到不可或缺的地位，机器时代的到来为洛克菲勒的财富积累创造了得天独厚的条件，财富的增长速度远远超过了他自己的想象。

1882—1883 年，托拉斯成立并走上正常的发展道路，也开始着手在油田上发展。

因为当时东部的油田渐渐衰微，如果不是利玛油田的开采，必然无法在青黄不接的时代满足海内外市场，美国很可能就此失去石油的外销市场，也可能会减缓自身工业上的进展。虽然西部与南部有大量藏油地带，但在 19 世纪 80 年代，很少有人去那么偏僻的地方试运气，所以多半不肯相信这种说法。

虽然利玛油田的开采在日后有以上许多好处，但买下它时并非是十分完满的。洛克菲勒在开始他的石油工业时，根本不赞成买油田，他认为风险太大，过去就发生过因过分开采，导致石油生产过剩而贱价滥卖的情况。后来，他想到宾夕法尼亚州一带的油田总有用完的一天，所以干脆自己开采油田。不幸的是，利玛油田的油质并不好，里面含有硫黄。但是洛克菲勒并没有因此气馁，还是决定大量开采。他的魄力实在值得佩服，其实他也精密地考虑过开采油田可以给他带来的利益：利玛地区不在黄金地带，出产的油又是质劣的"酸油"，所以售价很低，如果能想办法改变其质地，收益将会大幅增加。

在没有发明改变油的质地的办法之前，洛克菲勒仅命令将开采的酸油成千上万桶地贮存起来。不久，他选中了在1877 年就开始为他提高汽油及副产品质量的法斯克。

法斯克曾远赴加拿大的炼油厂学习，因为该厂也提炼酸油，他在1886 年左右终于发明了消除硫黄的方法，并试验成功。标准石油公司随即买下他的专利，在波顿博士等人的协助下，法斯克开始提炼原油。他提炼的方法是用氧化铜来沉淀硫黄，因为专利的关系，标准石油公司享有17 年的专利权，这使得其他公司只能利用价钱较贵的氧化铅沉淀法。

为了方便炼油,洛克菲勒在利玛当地新建了一间炼油厂，并开凿油管，向南芝加哥输送。开始时，油管输送有臭味的燃料油到芝加哥的各钢铁厂，因为臭气熏人，引起芝加哥居民的不满，他们开会反对。再加上芝加哥的税高，人多地少，不是以后发展炼油业的理想地区，所以，标准石油公司不再动芝加哥的念头，而转到印第安纳州边境一带。终于他找到一块除了猎人外甚少有人光顾的荒野平地——怀庭，标准石油公司的代理选择了一块火车经过的地带建厂。没过多久，波顿博士发明了把石油再精化为汽油的方法，这使他成为印第安纳州标准石油公司的总经理。

怀庭工厂起初专产煤油、汽油和挥发油，后来，又制造石蜡。渐渐地，又增加制造润滑油及各种副产品的设备。最后，更增设制造油桶的相关工厂。该厂的产品直接或间接地供应中西部、北西部及远西部，甚至亚洲的市场。

由克利夫兰时代到怀庭时代，回顾洛克菲勒集团的收入，也是一件趣事。早期，公司所有的收入均依靠单纯的炼油业；中期，标准石油公司开始经营油管及油库生意，收入范围增加；到了后期，油田及销售大市场成了主要的收入来源。

标准石油公司在后期的丰收，实在应该感谢机器的发明和海外市场的拓展。早在 1867 年的巴黎货品展览会上，就出现了一架小的内燃机，也许这是世界上第一部机器。以后，不断地有人研究、发明与创造。

1883 年，一位知名科学家发明了固定动力的汽油引擎的前身。1885 年，他们将第一个引擎装到双轮车上，但是，直到 19 世纪八九十年代发动性质的内燃机才真正地大量影响到石油工业。这些发动机不但可以推动车子、轮车，还可以推动各种代劳的机器以节省人力。从此，时代发生了巨大的改变。等到 20 世纪初，汽车工业兴起之后，不但整个世界从此改观，标准石油公司的业务也跟着迅速拓展。

这是 1890 年以后的事了。那么在 19 世纪八九十年代，标准石油公司的市场又是怎样的呢？自从托拉斯建立之后，标准石油公司在美国国内的市场一直是名列前茅的。至于国外的市场，早在 19 世纪 70 年代，洛克菲勒集团的石油就已经征服西欧及亚洲，几乎一家独占了整个市场。到 80 年代，俄国与之平分秋色；到 90 年代，又有缅甸及荷属东印度群岛出来竞争市场。虽然如此，标准石油公司向海外的运油量还是有增无减，在 70 年代，每年外销 3 亿多加仑（一种容量单位，1 加仑大约为 3.785 412 升），到 90 年代变成 7 亿多加仑。

洛克菲勒集团如此称霸海外市场也自有其道理。他抓住了所有外销生意使小独立公司根本无法插足，因为他的工厂多，产量大，运输量大，所以随时可以包船运货，指定送货、交货的时间、地点。这是小工厂没有办法做到的，因为他们产品少无法包船，当然就无法指定交货的日期了。再加上 19 世纪 80 年代俄国也加入市场，必须跌价才能抢到生意，像洛克菲勒集团产量大，尚可用薄利多销的方法竞争，小公司就只有干赔的份了。所以，小公司根本无法与之竞争，只占全部外销量的 0.61%。如此，洛克菲勒集团先稳定了国内市场的竞争，第二步再向海外展开攻势。

他们在海外经营的办法是在各地设立代理公司，有独资的，也有与当地人士合资的。这种代理公司遍布世界各地，包括印度、加拿大、英国、丹麦、德国、比利时、意大利等。

这些代理公司平时各自为政，到了有政策上的问题时就反映到美国纽约总部的外销委员会，再由外销委员会开会讨论，由洛克菲勒兄弟做最后的决定。

除了外销欧洲，标准石油公司的石油还点燃了中国、马来西亚、印度、新加坡、缅甸、斯里兰卡等地的油灯。虽然销路如此之好，但生意得来不易，他们在1885—1914年曾奋力与俄国争抢市场。

洛克菲勒集团用四种手段来与俄国斗法：

第一，在各地开设代理公司，发展有潜力的市场。

第二，利玛油田原油的成本低，有跌价的本钱。

第三，发明用油轮运油，提高效率。

第四，有完善的分销系统。比如，在英国一个地域，就有四大分销站，每站的贮存量起码可以供应市场四个月的销售。

到19世纪末，标准石油公司在英国一个地区就有约300个贮油仓库，用600辆运油车来往运送。这样设想周到的销售组织自然是会成功的，标准石油公司就这样在海外市场战胜了俄国，而且遥遥领先。标准石油公司此时有些沾沾自喜，没有意识到这已经无形之中燃起了海外人士的怒火。

不断受到攻击

洛克菲勒在国内的名誉一直不好，人们往往把他看成资本主义的代表、大吃小的首创人。这个恶名在 1885 年左右很快就传到国外，国外的报纸杂志也开始攻击他。洛克菲勒身为商人何以会引起舆论界的注意呢？

这要追溯到南方发展公司时代与合并时代。在洛克菲勒支持南方发展公司时，各界早已对他不满，认为他想独占炼油业。到 1879 年，一个调查铁路公司歧视小商贾及其他漏洞的赫本调查小组，在执行任务时，对标准石油公司也进行审查，结果翻出很多对该公司不利的证据。虽然公司大部分的高级职员（如亚格勃等人）都守口如瓶，但调查小组仍由其他人口中知道标准石油公司在合并其他公司，并与各铁路公司勾结分摊生意，限制他们与独立商人来往等事。

调查小组毫不留情地马上开始指责该公司，说标准石油公司与铁路公司共同损害了铁路的经济和社会道德，指明这是最典型的铁路歧视案件。他们指出自从标准石油公司控制铁路公司之后，铁路公司在运油方面做的是亏本生意，所以只好在其他方面寻求补偿，因而间接地伤害到其他的铁路顾客。这种指责马上使全国的人认为洛克菲勒是不法商人，连纽约著名的《航业与商业》期刊也如此形容他。

除了报纸杂志有形有色地描绘该公司的黑暗外，还有许多受害人出来作证，把事情弄得更加戏剧化。

比如有一位克利夫兰的夫人，自称是柏克斯的妻子，她的丈夫生前也是做润滑剂生意的，当时标准石油公司并不强调润滑剂的销售，所以跟这位柏克斯先生相安无事。他死后，由他的遗孀柏克斯太太继续经营，不久之后，标准石油公司就开始开拓润滑剂市场，并在 1878 年买下柏克斯太太的厂子。柏克斯太太觉得自己的厂值 20 万美元，却被标准石油公司以 7.9 万美元的价钱购得，连她恳求要保存 1.5 万美元的股票，也被拒绝。她就对人说："洛克菲勒欺侮我一家孤寡！"后来，经她的伯父及友人出面调解，认定成她估价错误，该公司应只值 15 万，工厂值 7.1 万，其他存货等物值 7.9 万；而标准石油公司却认为工厂只值 6 万，存货值 1.9 万，其他柏克斯太太自认价值 6 万的东西，标准石油公司不要。所以讲起来标准石油公司的估价也差不远，算有 13.9 万美元，只比原来少 1.1 万美元。洛克菲勒只好再出 1 万美元以平息事件，并感谢她的伯父——老柏克斯先生。洛克菲勒说：

"在这桩事中，老柏克斯先生的关心很令我感动，他不愧为我公司的一名好伙计、我年轻时教会中的好伙伴。"

报纸、杂志、同业如此攻击洛克菲勒的原因很多，最主要的还是洛克菲勒太成功。当一般人民生活困苦时，财富却都掌握在少数人手中，大众当然愤恨，再加上文学家和思想家提倡反对资本家，追求乌托邦，不屈服于现实生活，民众就更加关注大财团的行动，甚至有人专门研究洛克菲勒和标准石油公司，以备着手掀出他的黑暗面。

攻击洛克菲勒的人中有一个叫亨利·劳埃德，是个激进、文笔锋利的年轻记者。1880 年，他读到一篇关于调查案及铁路公司的报道，就开始着手搜集资料，终于写了一篇《垄断者的内幕故事》，被刊登在 1881 年 3 月份的《大西洋月刊》的首版上。这篇文章掀起轩然大波，令全国上下议论纷纷。该刊物不但在美国国内售光，还流传到国外。

劳埃德的这篇报道刊出的正是时候，因为当时小厂家多半被大企业吞食；农民们要与国外的农民竞争，政府又不加以保护；工人没有工会组织，盲目地劳动和生活。总之，除了大工业外，几乎百业萧条，市民们不禁怨气腾腾。到后来，有钱商贾又控制了司法界，民众更觉得前途惨淡了。这篇言辞犀利、指责严厉的报道引起了一般民众的共鸣，为他们道出心中怨恨，因此得以狂风似的畅销，以至于人手一卷。垄断者预感风暴即将来临了。

这篇文章中的攻击有如雪球一样越滚越大，引得民众们都虎视眈眈地盯着财团。宾夕法尼亚州在 1880 年收税时，就要征收标准石油公司开始在宾夕法尼亚州置业到 1880 年前所有工厂（包括不设在宾夕法尼亚州的工厂）的收入及红利的税，在不知他们有多少分公司的情形下，州税局随便估计了一个数目——320 万美元，命令他们缴纳。标准石油公司自然大加反抗，只肯缴纳建立在宾夕法尼亚州的各工厂的税务，拒缴在他州实业的税务。他们强调这种缴税法一定会破坏州际之间的通商行为，但宾夕法尼亚州税局并不肯妥协，于是事情闹到哈里斯堡的法庭上。标准石油公司的口气很强硬，他们说如果州税局一定要强迫，他们就将工厂搬走，生意带走。法官听后，判标准石油公司胜诉，把 320 万美元的税降到 3.3 万美元。后来州税局再上诉到宾夕法尼亚州最高法院，标准石油公司又获胜诉，只需缴 2.1 万美元。由这场官司可以看出州际之间的商业条例已跟不上时代，面临挑战。

缴税事件又引起大众猜测标准石油公司的利润和洛克菲勒财产的骚动，他们免不了又要舌攻笔伐一番。但是标准石油公司永远保持缄默。

当时写文章攻击标准石油公司的不止劳埃德一人，差不多每个礼拜都有一两篇，有的甚至将标准石油公司形容得不堪入目。在这种恶意的气氛下，洛克菲勒仍带领着他的属下，默默地为他的理想继续奋斗。

石油大亨的晚年

创办芝加哥大学

宗教信仰将洛克菲勒带往慈善事业。虽然在 19 世纪 80 年代，洛克菲勒的收入与捐款不成正比，但他仍默默地在此路上摸索，希望将他的钱有意义、有成效地用掉。

洛克菲勒深信一句名言："少许的钱财带来自由；过多的财富带来困扰。"当他的财富直线上升时，他一边要把握原则，一边又想帮助市民，所以往往无法两全其美，这导致了有钱也难送的局面。洛克菲勒因此很头痛，他希望把钱聚起来好好地贡献社会。

1885—1890 年，洛克菲勒一年的红利有 1500 万 ~2000 万美元，而每年捐款才三五十万，人们议论纷纷，他自己也觉得应该多做善事，于是，兴建大学的念头萌芽了。

在 1890 年以前，美国只有哈佛和约翰·霍普金斯大学。到 1890 年之后，因为社会进步、生活安定，人们求知欲增强，于是美国又创办了好几所大学，如斯坦福大学、克拉克大学及芝加哥大学。洛克菲勒总觉得自己的捐款方式太零散，所以考虑到教会人士的建议：建立大规模的学校，提高民众的素质。

洛克菲勒因为捐款给摩根帕克神学院，而与学院常有书信往来，并由此认识了年轻聪明又有魄力的哈勃先生。他通过哈勃知道了关于神学院的事情。原来神学院与老芝加哥大学处境相同，因资金不足，已逐渐走向结束的道路。正当老芝加哥大学负债累累时，又传来名教授被耶鲁大学挖走的消息，这加速了老芝加哥大学短暂命运的终结。就在关键时刻，浸信会开了一次会议，讨论如何挽救各大学及神学院的命运。会中出现了一个重实际、善于分析的教士，他就是日后芝加哥大学的创办人之一——凯特先生。他在会中被选为执行秘书之后，就发表了一些很好的建议，他主张由他拟稿，写一份调查表格，寄往各地教会，看社会和教会真正的需要所在，再着手兴学。

经过研究统计之后，凯特下结论说，应该在芝加哥大学的旧址先开办一所有实力的学院，再慢慢扩充成大学。因为他认为中西部及大平原区上的各大州居住的都是浸信会基督徒，但在这么广阔的土地上却没有一所像样的大学，所以他建议浸信会把所有富裕的教友聚集起来，一起创办一所好大学。不久，浸信会的教育团体在华盛顿开会，一致通过凯特先生的建议，兴办大学的事终于展开了。

在筹备初期，洛克菲勒就知道他再也不用愁捐款的事了，这所大学的事会让他忙一阵子。他看中昔日摩根帕克神学院的哈勃，他认为只要哈勃出马，就已成功了一半。此外，他仍徘徊在办大学与办学院之间，拿不定主意。洛克菲勒本来是想从小规模慢慢办起的，这时凯特给了他一个建议，他主张洛克菲勒先办一个小学院，让哈勃一边在摩根帕克神学院教课，一边指挥筹备工作。等小学院稳住脚步，再扩建成大规模的大学，届时就有理由请名教授来主持教务了。洛克菲勒写了封信给哈勃，告诉他在短期内，芝加哥最好先办小学院，再慢慢扩大。

凯特急着想要洛克菲勒给他一个承诺，于是忙着找他谈论。洛克菲勒建议他着手筹备，并拟订了一份完整的计划。

筹备的工作落在凯特、哈勃等人的肩上。有人负责筹募金钱、管理基金方面的事，有人负责游说西部的人士支持该校及公共关系方面的事，还有人策划校方的课程及师资方面的事。他们几人施展各自的才华，合办了这所日后造福青年的学府。

芝加哥大学的修建估计要 140 万。洛克菲勒把凯特请去商量捐款事宜。洛克菲勒说他一人可以提供 40 万。凯特又游说了一番，请洛克菲勒承担 60 万，另外 80 万让筹备会去筹。洛克菲勒马上答应了。

1889 年 5 月 18 日，浸信会终于在波士顿的一个礼拜堂召开大会。大会宣布说浸信会将要在芝加哥办一所学院，随即凯特先生公开宣读了洛克菲勒的来信，告诉教友他一人将捐助 60 万美元作为建学的基金，希望以抛砖引玉的方法招来更多的捐献，共同建立这所学院。教友们自然纷纷响应，数月之内又收到三十多万，一半以上是教友捐赠，其他是由商人及芝加哥以外的人士捐的。捐献的人士中，有许多是犹太富商，也有许多是老芝加哥大学的校友。

一旦经费筹好、校址选定，浸信会的教育团体就选出该校的董事会，着手开办学校了。7月9日，校董事会第一次开会，9月10日，芝加哥大学成立，1889年9月18日，董事会推选哈勃出任校长。

哈勃当选之后，并没有即刻上任。洛克菲勒爱才，看到哈勃年轻有为（当时他才34岁），认为该项工作非哈勃莫属。于是，洛克菲勒愿意再追加一些优厚的条件。哈勃开出了八个条件，主要是希望一边办学校一边研究学问，在财政方面，他希望洛克菲勒再无条件拿出100万美元，支持该校的神学院。

当凯特把条件转告给洛克菲勒时，洛克菲勒一口气答应了所有的条件。在继续与哈勃本人研究了两天的细节之后，哈勃才接下重任，洛克菲勒松了一口气，所有的教会人士也都很有信心，有了哈勃，芝加哥大学必会成功。

有了基金及支持，哈勃就积极地展开了工作。他请了120位教授，安排许多实际课程。第二天校园钟声响起时，600名学生开始了他们的大学生涯。

对洛克菲勒来说，那一笔60万的捐款只是第一步罢了。日后，他源源不断地将款项投入，不但帮助该校度过了1893年的经济不景气时代，还造就了无数人才。他直接帮助了大众，间接地贡献社会。最令人称赞的是，洛克菲勒本人从不求取什么，他只是默默地在一旁支持着整个学校，直到死后，学校才将一间礼拜堂命名为"洛克菲勒"。

涉足钢铁工业

在 1870—1880 年间，美国的钢铁工业也开始了新旅程。在这段时间，洛克菲勒曾做过小规模的投资，他买下古巴及威斯康星、明尼苏达数州的几个石油矿场。除此之外，没有其他大手笔的投资。到 1893 年经济不景气的时代，他偶然间结识了梅利兹兄弟，才与钢铁业结下了一段缘。

19 世纪 90 年代初期，梅利兹兄弟坚信在明尼苏达州有铁矿矿脉。他们兄弟五人带着三个侄子共同创业。他们本来是以伐木及在大湖区捕鱼为生，锻炼了坚强的性格与强壮的体魄。因为经常在山中伐木，他们探测出明尼苏达州有铁矿矿脉，但是挖掘时却又往往不得要领，总是乘兴而去败兴而归，招人嘲笑。不过，他们从不气馁，后来终于发现，该地的铁砂不是存在于明显的矿脉中，而是藏在一层松土之下。

于是，梅利兹兄弟用便宜得离谱的价钱获得了明尼苏达州梅塞比的土地使用权，预备日后采矿。他们先游说铁路公司来开路，被铁路公司拒绝，失望之余，只好自己筹款开路，建了一条 66 公里长的铁路，连接梅塞比与苏必利尔湖。除此之外，他们还添置了许多设备，以致负债累累，到 1882

年就已欠了约 200 万美元的债款。他们并未因此而罢休，继续展开各种开采的预备工作。不幸，天时不利，1893 年市场萧条，合伙人、贷款人又纷纷退出，弄得梅利兹兄弟焦头烂额，处于破产边缘。就在这千钧一发之际，经由凯特的介绍，引来了财力雄厚的救兵——洛克菲勒，关键时刻稳定了他们兄弟辛苦开发的矿场。

洛克菲勒先买下连接矿场与苏必尔湖之间的铁路，这一举措虽然暂时缓和了梅利兹兄弟的债务，但仍不能减轻他们的担子。他们进一步请求与洛克菲勒合建公司，想把肩头重担移到洛克菲勒身上。在新泽西州的法律条例下，他们建立了苏必尔湖联合铁矿公司，梅利兹兄弟交出在梅塞比的六处铁矿公司、铁路及矿场；洛克菲勒把自己在梅塞比及外地的铁矿也转入该公司名下。此外，洛克菲勒前后还借了许多现款给梅利兹兄弟以助其渡过难关。

梅利兹兄弟在新公司内握有大量股票，所以有管理的实权，由于好胜及贪婪心作祟，他们在公司成立后不久就大量发行虚股（即增股不增资），正自鸣得意之际，钢铁业因受到百业萧条的影响而每况愈下。更不幸的是，梅塞比的矿砂太过于粉质，往往在熔炉中不能熔成铁块，甚至会引起炉子爆炸，而污染周边百姓的房舍，这使梅利兹兄弟再度陷入困境。

他们只好再向洛克菲勒求援，洛克菲勒虽因自己周转不灵，无法帮助他们筹得现款，但也买下部分股票协助他们。事后梅利兹兄弟贪得无厌，在某律师的挑拨之下，随便捏造谣言说洛克菲勒名下的矿场是负债的。洛克菲勒为了在明尼苏达州继续做生意、保持名誉，就与他们私下解决，把梅利兹兄弟的股份全部买下，独自拥有苏必利尔湖铁矿公司。

自从洛克菲勒单独控制该公司之后，市场渐渐缓和，混乱的铁矿公司也渐渐走向统一。分散各处的小矿场、小工厂慢慢合并成大公司。

洛克菲勒在经济恐慌时代偶然买下梅利兹的公司，而在无意中涉足钢铁业。没想到在熬过困难时代之后，洛克菲勒不但拥有运矿的铁路，更有丰富的矿藏。他是应该完全投入再称霸于一个新的行业呢，还是就此隐退？洛克菲勒起初有退出的意思，但一时找不到人来购买股票，原来的股东也纷纷退出，将自己的股票卖给洛克菲勒，这使得洛克菲勒一时无法抽身。当时又有助手凯特仔细的经营，洛克菲勒在被动的情况下走入了钢铁界。

当时，商界有两大巨子，一是钢铁巨人卡内基，一是石油大王洛克菲勒。如今洛克菲勒跨出自己的领域，插手开采了许多铁矿，他的这些行动引起报界及一般民众的猜测，人们纷纷怀疑洛克菲勒和卡内基是死对头，会在商场展开大战。

谣言不断地传出，说洛克菲勒的代理人正在大湖区看地准备设炼钢厂。这下，卡内基的手下着急了。他们想洛克菲勒已经有运输系统和矿场，如果他再设炼钢厂，很快地就能生产出成本低的钢铁，势必对卡内基钢铁公司的市场占有率造成冲击。

洛克菲勒并没有像外界谣传的那么勇猛，他私下慎重考虑，知道自己虽有称霸的潜力，但那将会消耗掉他所有的精力。更何况，钢铁业的风险大、竞争多，他不但要与卡内基等人一争高下，还要去应付伊利诺伊钢铁公司的凯利。这岂不又要卷入他年轻时那种纷争杂乱的场面吗？他因年事日增，实在不愿意再投身于激烈的竞争之中。于是他想出一条妙计，建议卡内基与他合作。卡内基只管炼铁成钢，而不管开采，他管开采矿藏及运输原料的工作而不管炼钢。在这种情况之下，卡内基可以得到高质量的铁矿砂，而洛克菲勒也有固定的运矿客户。然而各界仍不肯罢休，还在猜测到底谁会来垄断这个欣欣向荣的市场。

人们没有注意到的是，岁月不饶人的感慨已经盘踞在两位巨子的心里。卡内基与洛克菲勒都渐渐步入老年，虽不乏斗志，但均不愿再开战场。更何况二人均想留出额外的时间做些慈善事业，所以二人都萌生退意。在 1899 年，洛克菲勒想以 5000 万的价钱把他的矿业卖给卡内基，卡内基以铁砂太稀为理由拒绝了，二人就在互相礼让的情况下继续合作。卡内基的合伙人曾短暂地毁约，私自买下梅塞比的铁矿，又用独立公司的船运货，引得洛克菲勒集团的人计划开炼钢厂，以此相互抵制。

正当洛克菲勒集团深思之际，传出了卡内基正式隐退的消息。他把整个卡内基企业于 1901 年 1 月卖给了摩根，摩根一夜之间成了钢铁业巨子，然而欢欣之余，摩根耿耿于怀的是强兵洛克菲勒。当时的洛克菲勒有丰富的铁矿、便捷的运输工具，只要在靠近矿场的芝加哥附近开设炼钢厂，他就能扫荡市场，在钢铁业称霸。如果他自己不如此实行，而把现有的财产卖给第三者，第三者也会以同样的办法来进行垄断。所以，摩根的结论是合并洛克菲勒的矿场及铁路，否则后患无穷！

摩根是个高傲的人，他喜欢一人高高在上，不太能够坦然接受他人的成就。所以，他对洛克菲勒的成就有几分妒意。而他奢侈豪华的生活，也不被洛克菲勒所赞许，二人有完全相异的两种个性。

当洛克菲勒第一次在他弟弟威廉家见到摩根时，对摩根就没有什么好感。

不久，摩根为了自己事业的前途，低声下气地去求见洛克菲勒。洛克菲勒先给了他一个软钉子，说自己退休不管事，不在办公室见客，要他到公馆面谈，摩根只好乖乖地去了。

虽然商场人士对他们二人的见面有各种生动的描述，但其实很简单，洛克菲勒并没有说什么，只说要与儿子及助手凯特商量。

这一商量就没有下文了，摩根非常着急，赶快请私交深厚的罗吉斯去求情。罗吉斯就请了洛克菲勒的儿子小洛克菲勒与他一起去摩根的办公室，谈卖矿场的事。

小洛克菲勒的开价是这样的：大湖区的运输系统要 8500

万美元，此外联合公司的股票，每股要换摩根公司 1.4 的优先股和 1.4 的普通股。下午，摩根还价，认为 1.4 太高了，只肯算一股换 1.25。后来，小洛克菲勒提议每股换 1.35，终于成交。最后是以 8500 万美元的票面价值买下运输系统，8000 万美元的票面价值买下矿场。如果洛克菲勒有心拖延，还可以卖更好的价钱，但洛克菲勒当时退休心切，在不亏本的原则下急流勇退，退出了竞争激烈如战场的钢铁业。

对托拉斯的审判

　　洛克菲勒于 1882 年建立托拉斯之后，事业一直处于巅峰状态。因为他的托拉斯为他带来了大量的财富，其他各行各业的业主也纷纷效法，这使得各行业均被少数人垄断，危害民间经济。于是在政府默许下成立的纽约州参议员调查小组，正式干涉托拉斯的问题。

　　1888 年 2 月，洛克菲勒在纽约州最高法院出庭为他组成的托拉斯辩护。在答辩的时候，洛克菲勒只是重复了一些调查小组早已清楚的内情。他仅说托拉斯是由标准石油公司股东的受托人所组成的。他接着宣布托拉斯已有 700 个股东，他承认这些受托人每三个月开会一次，并且每次都有报账的习惯，这些账是没有利息的。洛克菲勒交出了 1882 年托拉斯成立时内部所写的条约书。最后，他阐述了为了美国在海外的市场而与俄国财阀竞争的情形，并表明国内还有 110 家独立炼油厂存在，所以否认他个人垄断市场。亚格勒随后也出庭作证，说明托拉斯中执行委员会的工作情况。他们二人前后都没有透露太多内情，仅交出托拉斯所属的 41 家公司名单，这算是众人不知的一条新闻。

这次的调查很散漫，开了几次庭，就不了了之了，到 5 月才发表了一篇没有结论的报告，认为暂时无须成立法规来约束托拉斯。于是一场雷声大雨点小的调查就这样草草结束，使得关心此事的民众大失所望。

在纽约州参议员调查小组的调查报告还未公布之前，美国中央政府众议院的制造业调查委员会也派人来详查托拉斯的内幕。开庭时，许多洛克菲勒在商场上的对手被传讯而来，出庭作证，他们指出托拉斯有垄断市场之嫌。除此之外，标准石油公司的各员大将也分别出庭答辩。弗拉格勒公布当时托拉斯的财政问题：他估计在 1888 年 3 月，托拉斯的市场价值已达 1.54 亿美元，并说自从托拉斯组成以来每年净赚 13%，7% 以现款方式分给股东，3% 变成股息，另外 3% 存于国库。

洛克菲勒再度出庭辩护，这次除了重复人们已知的内情外，他没有多讲什么。当调查小组询问他国内外售油的情况时，他推说记不清楚了。这使得调查人员大为恼火，洛克菲勒却很怜悯地看着众人说："我的企业太大、太复杂，无法对小节一一记清。"

调查小组在无可奈何的情况下，只好把注意力集中在独立公司、产油业主及小销售商的控诉书上，对这些一一加以细读和整理，发现也不过是说标准石油公司拿回扣、控制市场、与铁路公司勾结抵制他人公司运货等众人皆知的旧事。唯一不同的是调查小组这次搜集了充足的资料，并有充分的人证与物证来指责标准石油公司违法。

到 8 月，调查结束。虽然调查小组将调查结果呈报国会之后，国会并没有下令更改法律以约束托拉斯，但调查过程曾一度公之于众，早已使托拉斯受到各方面的攻击。

在此调查结束之后，各从政人士均认为托拉斯之风不可助长，于是在竞选时纷纷提出要约束托拉斯的建议。俄亥俄州的舒曼首先提议，用立法制止托拉斯或任何破坏商业市场团结的行为。在经过多人商讨和研究后，议员们终于拟好一个条例，并命名为《谢尔曼法案》——禁止托拉斯的成立。这一法案在国会上被提出时，几乎全数通过，时任总统的哈里逊也于 1890 年夏天签署此协议。

虽然标准石油公司表面上理直气壮，但私下里却心中有数，他们知道这样是站不住脚的。1892 年 3 月 2 日，标准石油公司败诉，控诉中指责托拉斯间接控制公司、垄断市场及控制价格等罪行，并命令废止托拉斯条约，停止转换股票（即由公司转至托拉斯），并指示托拉斯永远不可干涉标准石油公司的作业。除此之外，标准石油公司要负责这次官司的所有费用。这次惩罚虽然不重，但也使愤愤不平的一般民众大感快慰。

宣判结束两日之后，标准石油公司的托拉斯组织虽告瓦解，然而标准石油公司的各大分公司马上采取行动，增资增产。最先行动的是新泽西州的标准石油公司，由300万美元的资金增到1000万，增设了7万份100美元的股份。大股东有洛克菲勒兄弟、弗拉格勒、亚历山大等人，他们有2/3的股份。他们在开股东大会的时候决定增产，计划不但买卖石油及其副产品，还要制造一切生产石油所需用的机器，及运载石油所需的运输工具等。总之，凡是与石油有关的东西，他们都要制造出售。

他们并不就此满足，还提出要继续扩充的计划，买下大小共五个公司，随即又向托拉斯买进大量股票，并再度召开股东大会，增设6万股，共600万美元，以用来购买新增加的工厂及股票。一切安排就绪之后，弗拉格勒被选为总经理。至此，新泽西州的标准石油公司本身就已是一个惊人的大企业了。

纽约的标准石油公司也同时增资扩展，他们前后合并了10个新的大小公司，把500万美元的资金增至750万美元。

纽约公司董事会中的董事与新泽西州的董事大致相仿，由威廉·洛克菲勒当总经理。此后，各州的标准石油公司均由托拉斯中解散出来而各自为政，分布于纽约州、新泽西州、宾夕法尼亚州、俄亥俄州及印第安纳州。表面上各个公司均独立作业，事实上他们是团结一致，采取一贯作业的。

那么被瓦解的托拉斯的股票又是怎么处置的呢？董事会强调各股东仍持有相同的利益，各公司仍照常营业，分股息、红利的制度仍延续不变。拥有大批托拉斯证券的人（即受托人）都将托拉斯时代的证券交出来，按比例换回相等的各分公司发行的股票。大股东都按此方法兑换。但有1600名小股东，坚持不肯将托拉斯所发行的证券换成刚成立的各分公司的股票。这些人顽固地坚持了三四年，一直不肯妥协。他们非常反对托拉斯瓦解，因为托拉斯所发行的证券是有市场的，可以随时兑现，然而刚成立的各分公司的股票却仍未有直接的市场。最后，他们都将证券兑现，没有人肯换成分公司的股票。

托拉斯表面上虽已被解散，但其精神仍在。各个标准石油公司仍然步调一致，与昔日一样有规律，各公司的高级职员仍如期地在纽约百老汇办公室相聚开会。如今各公司的收入仍由以前的几位受托人管理，只是因为托拉斯的解散，他们不再用受托人的名义而是用清算财务的名义来管理。总而言之，"托拉斯"这个名词只是在法律上消失了，实际上它还是存在的。

洛克菲勒对分公司各自为政的制度不是很满意，因为它们在精神上虽是统一的，但在法律上却是个别的。尤其当时已有30个分公司，要同心协力，最好仍有法律上的牵制。当时，其他大企业在托拉斯瓦解之后，都将公司改组成所谓的"股权公司"，即由一个总公司来控制附属公司的股份。

不幸的是，在 19 世纪末，只有新泽西州的法律允许一个公司控制其他公司的股份，所以大企业纷纷在新泽西州改组，由托拉斯转变为股权公司。

洛克菲勒对这一形式也很赞同，只是他仍保持小心谨慎的一贯作风，先观察、研究他人的成败，再自己实行。商讨结果发现组成股权公司是一切办法中的佼佼者，此种办法最能扩展营业、增加资产。于是，标准石油公司也于 1899 年 6 月改组，将新泽西州的标准石油公司重新登记，令其有权交换属下 20 个公司的股份，资金由 1000 万美元增至 1.1 亿，发行 100 万股的普通股票和 10 万份的优先股。6 月 19 日，董事会宣布，所有属下的 20 家公司与托拉斯已废的股票都应换成新泽西公司的股票。于是，分散独立的公司再度团结一了，股票集中之后，标准石油公司变成了世界上最大、最富裕的公司。1906 年，公司总资产是 3.6 亿美元，而每年的净收入是 8312 万。这种庞大的企业是当初谁也无法想象的，也许只有洛克菲勒曾经梦想过，而今千真万确地摆在眼前。

当所有的标准石油公司的财产集中到新泽西州的公司，国家的经济也渐渐步入正轨时，洛克菲勒终于萌生退意。30 年的商场竞争损耗了他的健康，1890 年他开始抱怨消化系统方面的毛病及神经紧张，所以，他准备逐渐退出商场，不再管理各种业务了。

1893 年，他得了一个神经性的疾病，头发脱落，身体紧张，同时开始发胖。他慢慢一步一步地退出他的企业王国，到1896年就很少去公司了，但偶尔还替手下掌掌舵。到1897年，洛克菲勒就完全不管事了，算是正式退休。这六七年来，他老了许多，从1890年的照片上看来，他仍是个精神奕奕的中年绅士，但在1896年的半年当中，他就变成一个肥胖又秃顶的老人了。

洛克菲勒自己创建托拉斯，把小型分散的工业带入统一的、垄断的工业，姑且不论道德上的价值，单在工业上来说，他自创了一个新纪元。如今汽车工业的蓬勃和接踵而来的飞机工业，把洛克菲勒创建的时代完全地改变，所以在这个节骨眼上他需要一个接班人。他离开之后，由亚格勃接班，亚格勃用尽一切办法来迎接新时代、满足市场，为洛克菲勒集团带来更多的财富。虽然洛克菲勒已将实权交出，但亚格勃和老同仁希望洛克菲勒依旧担任董事长，作为他们精神上的支持。这也是洛克菲勒一直没有正式宣布辞职的原因，这导致日后亚格勃的行事方针或商业计划有错误或得罪他人时，舆论界也一一怪罪于洛克菲勒。洛克菲勒一生的事业虽然庞大，但却很少得到旁人的称赞，总是招人非议、批评，甚至对簿公堂，这是最使他及他的家族感到遗憾的地方！

承受巨大压力

《谢尔曼法案》解散托拉斯之后，洛克菲勒又利用股权公司的办法将分散各地的公司股份聚集于新泽西州的标准石油公司，在换汤不换药的情形下仍然继续称霸于商场。虽然当时有许多专家都认为"无节制的竞争必将造成垄断市场的巨商"，但并没有因此减少大众对洛克菲勒的非议。

外界攻击洛克菲勒的理由约分为四种：第一种是指责他吞并同行而创建托拉斯欺压消费大众。第二种是责怪洛克菲勒与铁路公司等大肆勾结控制市场并有违法行为。第三种是指控他敛集财富，成为美国有史以来最大的财阀。第四种指责是洛克菲勒最难辩白，也最令他伤心的，那就是指责他欺侮弱小，例如前面所述柏克斯太太卖厂的事，往往被人们添油加醋地渲染一番，使得洛克菲勒百口莫辩，他索性保持沉默，这种态度反而使群众认为他默认了。

那几年，攻击洛克菲勒或整个集团的文章或演说如同雨点一般不断地打在他的头上，洛克菲勒终于忍无可忍，出面反驳。有一本叫《国家》的杂志，出来为洛克菲勒说话并指责那些攻击他的书不符合事实,净是些夸大的毁谤。随后,《宇宙》杂志、《展望》杂志等都刊登了同情洛克菲勒的文章。

　　洛克菲勒不受人们欢迎的理由不外乎以下四点：

　　第一，大众认为他欺压弱小，如柏克斯太太的故事，虽然几经吹嘘，已与事实相去甚远，但一般群众早已根深蒂固地相信洛克菲勒是这等无耻的人物。

　　第二，洛克菲勒集团因商业上的关系与广大的消费者直接接触，他们做生意的厉害手腕往往深入人心，叫人难以原谅。但一般人多半忘了这是当时商场上的普遍情形，一旦竞争松懈马上就有被淘汰的可能。

　　第三，他被形容为石油企业的暴君，公众习惯把一切不良的后果都推在他个人身上。殊不知他手下多员大将，个个都有自己的个性和待人处事的办法，他只是将中之王，怎能将大小的罪过都推到他一个人身上呢？

　　第四，大家并不喜欢洛克菲勒所创办的慈善事业，认为它的慈善基金全部来自标准石油公司，这不过是洛克菲勒减少个人与公司的罪恶感的一个方法。然而他们并不明白，这位巨子并非今日才开始捐赠，早在他还是个穷小子的时候，就开始把他微薄薪水的一部分捐献给教会了。

　　在经年累月的攻击与儿子的怂恿下，洛克菲勒终于在

1905 年挺身出来公开地为自己辩白，反驳许多偏激或不切实际的报道。他偶尔接受记者的访问，允许报界刊出他的少数演讲稿。在公开的场合，他从来没有厉声责备任何攻击过他的人，也未曾介入激烈的辩论或做任何愤怒的批评。他这种宽宏大量的风度曾受到某杂志的赞扬。

在 1906—1909 年之间，洛克菲勒集团遭受到他们创业以来最大的考验。政府终于搜集到足够的资料，把炮口对着标准石油公司，开始实行扫荡工作。联邦政府一声令下，政府的执法人员立即采取行动，传讯洛克菲勒及其同仁出庭对质。很快地，政府开列了七大罪状控告标准石油公司及其分布于得克萨斯州、明尼苏达州、密苏里州、田纳西州、俄亥俄州及密西西比州的属下公司。

此事爆发的直接诱因是西奥多·罗斯福提议国会建立的商业管理局于 1906 年公布的一项报告，报告中详细地报道了标准石油公司运油的实情。这是洛克菲勒集团最害怕发生的事，没想到政府一边控告，一边在报纸发表，给予标准石油公司当头一棒，大大地伤了公司的元气。

控诉的罪状有两点：一为责备标准石油公司与铁路公司勾结，暗中减低运费并享受特别的待遇；二为指出他们除了暗盘之外还正式地享受各种好处。二者均有足够的证据加以支持，这不但使标准石油公司乱了手脚，也因而促成了日后的《铁路法案》的出台。

标准石油公司碍于各种证据的存在，知道事情已无法掩饰，只有快马加鞭地与铁路公司取消各种不合法的约定，提高运费及停止特殊待遇。然而政府也即刻通过《诺斯法案》，将油管划入一般的运输工具以便日后易于管辖。

听说政府决定对付标准石油公司，各州检察官的控诉马上如雪片飞来，数量之多，令人难以招架。1906年，密苏里州的检察官控告印第安纳州的标准石油公司与其他两家公司——瓦特皮尔斯公司及民主石油公司，暗中组成一个集团，表面宣称为独立公司，其实是勾结起来垄断市场。

1906年夏天，总统与内阁一而再、再而三地开会，决定要与标准石油公司周旋到底决不放松。1906年11月，密苏里州的巡回法庭又接了一案，控告新泽西州的标准石油公司及其九名首脑人物，罪名仍与前者相仿，指责他们拿回扣、控制价格、用假冒开设新公司的手段开设分公司、控制油管的运输市场等。这是一连串控诉中最严厉的一个案件。当时，标准石油公司势力大到几乎连政府都无法左右它，所以政府决定要在民众面前与它一决高下，以振威严并借机勒令其还个公道给民众。而民众也受够了被财阀控制消费市场的罪，所以全心支持政府的扫荡政策，于是洛克菲勒成为全国的公敌。

1907年，标准石油公司又被控告，控告指责印第安纳州的标准石油公司在运油时拿回扣。

1908年，标准石油公司被告了最后一状，那就是商业管理局认为他们的产品报价太高，损害了广大人民的利益。

因为石油、汽油是人们的日常用品，所以这一控告立即引起大家的关心和注意。

这一连串的控告都是怎样的结局呢?

1906 年印第安纳州的案子是标准石油公司败诉。法庭认为该公司与其他两个公司串通起来控制市场，外表却各用独立的名义来哄骗大众。这一切行为违反法规，因此罚款五万美元并禁止标准石油公司及民主石油公司在该州营业。瓦特皮尔斯公司也被废止，后被转卖给他人成立新的公司。

1906 年，巡回法庭接到的控告洛克菲勒及其集团及新泽西州的标准石油公司的案子非常严重，罗斯福总统希望由此一案件将庞大的集团击破，永不让他们再团结起来控制市场。检察官大肆搜集证据，到 1908 年正式开庭。

洛克菲勒本人也必须于 1908 年 11 月 18 日出庭。为了出庭能应对得体，他在开庭之前几乎天天回到百老汇 2 6 号，与他公司的律师练习。出庭的前两天，洛克菲勒由他自己的律师问话，当时他侃侃而谈，像个乡村的老绅士在与老友谈论昔日的美好光阴，他不但把创建标准石油公司的沧桑史重复了一遍，还把人人称恶的回扣事件、托拉斯与财富重新下了定义。他指出铁路公司的回扣是因为铁路公司在接下大量价钱便宜的生意之后，酬谢标准石油公司的一点意思。他解释说托拉斯是一个慈善性质的机构，用来吸取竞争的同行者，协助他们走出破产的命运，联合开采天然资源以造福人类。而对于他那数目巨大的财富，他说都是连续不断向朋友借来的。

过了两天，检察官开始亲自上场，与洛克菲勒对质。洛克菲勒却突然间记忆力大减并变得沉默寡言。报纸上曾有一段很精彩的报道：

> 当标准石油公司的律师问话时，洛克菲勒的记忆像刚出厂的铜板一样清晰明亮，在出庭的前两天，他回顾40年来的努力时，没有一个细节不是记得清清楚楚的。但到了第三天，当检察官与他对质时，他深刻的记忆力霎时短得像一根鞋带，他清晰的脑力已退化得模糊不堪了。可怜啊！仅仅一夜之间，一个聪明又清晰的记忆就突然消失了！

1909年11月20日，巡回法庭完全支持政府的判决：新泽西州标准石油公司必须在30日内完全解散。标准石油公司自然不服，上诉到最高法院，到1911年5月15日最高法院做了最后的判决。法院仍认为标准石油公司有垄断市场、妨碍他人经商自由之罪，故命令标准石油公司的股权公司要在6个月内解散，新泽西州的股权公司必须把先前向各分公司吸收来的股份，再发放回原来所属的公司。

此外还有一个小案子比上述的要戏剧化，那就是1907年印第安纳州标准石油公司拿回扣的案子。在1907年8月，审理这个案件的法官经过陪审团的裁决，宣判标准石油公司有罪，并要标准石油公司缴纳两千多万美元的罚款，根据他的解释每辆运油车罚款两万美元，该公司共有一千四百多辆运油车，故应罚两千多万美元。标准石油公司自然不服，即刻上诉，有另一法官认为之前的法官判决错误，要求重审。再度开庭之后，标准石油公司由有罪变成无罪，不但不必罚款，就连打官司的钱也由政府负担。

在这一连串的案子解决之后，标准石油公司紧接着面临的就是如何进行分化。洛克菲勒40年来辛苦经营的王国终告瓦解，这个统一而巩固的王国将被分为三十多个分散的个体，且看公司如何安排吧！

在1911年内，整个洛克菲勒帝国瓦解成38个独立的公司，并各自成立董事会。其中33个附属公司的股份按比例交还给新泽西州标准石油公司的各大股东。在瓦解之后，各公司之间并没有马上起争执，它们只是各分地盘、各尽所长地继续营业，互相之间不抢夺地盘，分别出产各厂原来共同生产的产品。事实上，各大厂的大股东仍是昔日的那几位人士，像洛克菲勒在九十多万份的股份中就占了二十多万股，所以，老舵手仍有剩余势力来控制各大公司，使之能相安无事。

真正使标准石油公司王国瓦解的不是政府的法律，也不是法庭，而是时间的洪流和新工业的崛起。

经过一段时间之后，股东们慢慢地分散，股权慢慢地转让，本来像家庭一样巩固的企业王国破裂了。汽车事业和炼油工业的不断改进、石油市场的扩大、整个的经济情况改观以后，标准石油公司的托拉斯制度就自然而然地瓦解了。

幸福的家庭生活

在 19 世纪七八十年代，洛克菲勒家族冬天到纽约时都是住在旅馆里，回克利夫兰时，则住在森林山庄的房子里，有时礼拜天也到尤克利德街的老家过星期天，或者在春、秋两季各去住两个礼拜。

直到 1884 年，洛克菲勒夫妇才决定在纽约买房子，在西 54 街，他们花了 60 万美元买了一幢 4 层楼的砖房。这房子虽可称大厦，但仍然不够华丽。四周有些小的空地，但洛克菲勒在旁边又多买了一块空地，可做花园。房子本来是一位有钱的少妇的，洛克菲勒夫妇为了方便，就连家具、装饰也一块儿买了下来。

洛克菲勒很喜欢溜冰，所以把纽约房子旁边的空地拿出来造了个小小的溜冰场，专门给孩子们和客人玩。楼下地下室里也放了上百双朋友们的溜冰鞋，供访客随时去玩。在冬天的晚上，辉煌的灯火和在冰上穿梭嬉戏的客人，编织成一幅快乐的画面。清晨，却多半只有洛克菲勒一人悠闲地开始他一天的运动。

54 街的房子曾招待过洛克菲勒的许多亲人、教友、慈善家及同仁们，同仁们多半早晨来吃早餐讨论公事。这房子没有招待过社会名流或达官显要。原则上，洛克菲勒是不喜欢交际应酬的人。他的生活很简单，只在家庭、办公室和教堂打转，他很少举办大型宴会，也不喜欢参加外面的应酬，更不常去看戏、听演奏会，所以私生活很简单，唯一的爱好就是做些户外运动，如开车、溜冰、游泳和日后爱上的骑马。

在衣食方面，洛克菲勒就更随便了。他不看重穿着，长时间不肯添新衣服，吃饭更是不挑食。因为他不讲究吃，所以家中的饮食也很普通。

洛克菲勒不但生活简朴而且热爱家庭，他与他的妻子相敬如宾，对孩子们也十分爱护。日后他的儿子说："我从来不记得爸爸或妈妈曾经大声地斥责或抱怨过我们。"但洛克菲勒也不娇纵他们，为了锻炼儿子的身体，洛克菲勒命令他在冬天的早上像森林山庄其他人家的孩子一样，起来砍柴、烧柴、做些杂事。他希望孩子们学着用劳动赚钱，赚了钱之后，不但要他们知道金钱得来不易，还要教他们用得正当，洛克菲勒经常让他们将自己用劳动赚来的钱拿去接济穷人。从这点可以看出洛克菲勒的教育观。久而久之，孩子们也养

洛克菲勒和孩子

成了勤劳、节省的习惯。

洛克菲勒的儿子幼年时，见邻居买了一艘船，十分羡慕，说了不少羡慕的话。邻居小朋友就对他说："你也去买一艘好了！"洛克菲勒的儿子很惊讶地反驳："你以为我们家是什么人啊？又不是大富翁凡登·皮尔！"可见洛克菲勒也将之前传家的美德教给了他的儿子。

洛克菲勒疼爱儿子，早年就送他去学校读书，并要求他用功、勤勉。小洛克菲勒学业顺利，19岁就念完预科，进入布朗大学就读。老父爱子心切，又望子成龙。平常，他是个拘谨不善言辞之人，所以爱心都在信中流露出来：

> 你要知道，你尽责和满足的表现就是报答父母给你的爱的最好表示。我无法告诉你，我每天看你健康快乐及为我延续生命的那种希望是多么令我快乐。我希望你能够与我携手为这家族共创事业，等你的学业一旦完成，我们即刻全力以赴吧！

洛克菲勒的三个女儿较为依循传统，小时候在家受教育，后来送到女子专门学院去念书。大女儿贝西曾去华莎女子学院修课，老二伊迪丝专攻语言学、艺术和音乐，老三艾尔塔虽然听觉较差，也学会了唱歌弹琴，并热心于教会服务。在克利夫兰的意大利人区，她建了一个收容院。在纽约，她活跃于圣路克医院，并办了一所女子缝纫学校。

由于家庭生活美满，洛克菲勒在事业及社交上更是无后顾之忧。除了公司及生意上的忙碌，他还参加了俱乐部，一个是驾驶俱乐部，另一个是工会联盟。洛克菲勒的其他时间多半花在教会的活动上。因为在社会上的地位和对公益的热心，洛克菲勒自然地成为克利夫兰及纽约两地基督教浸信会的领袖。

享受余年

1890 年之后，洛克菲勒在纽约住的时间更长了。他始终想找一个可供他度假、休息的地方，终于在 1893 年，他在纽约的一个小镇上买了一幢房子，位于哈得逊河与其支流的分水岭上。这是一幢两层楼房，周围有洛克菲勒喜爱的宽阔回廊，因坐落在小山坡上，所以视野宽广，尤其在西面的阳台上可以看见绮丽的哈得逊河风光。屋内的布置是洛克菲勒向来喜爱的简单、舒服的式样。买下这幢房子之后，洛克菲勒无形中给自己带来许多工作：他连续地购得四周的土地、忙着打扫房子、铺路、砍树木等。直到把整个庭院扩张到 260 英亩才停止。

不幸的是，房子在 1902 年毁于一场大火，洛克菲勒虽时常挂念着要重建，但总是因故拖延。小洛克菲勒知道父亲不喜欢别人过问建屋的细节，就替父亲请建筑师设计了一所理想的住所。当设计师把画好的蓝图呈给洛克菲勒时，他又迟迟不采取任何行动。小洛克菲勒理解父亲的心情，他日后对人说："父亲不喜欢大房子，怕管理上的麻烦；但他又不肯改小，怕改小了以后孙儿孙女来了没有地方住。"

于是小洛克菲勒又命建筑师修改蓝图，把房子改得大小适中，有足够的房间可以接纳亲友，又不会大得管理困难。这样一来，洛克菲勒果然马上点头同意，命人快速兴建。

洛克菲勒老年时喜欢园艺工作，他喜欢装饰庭院、修剪树木。他常常骄傲地告诉客人哪些是他栽种的树，哪些是他铺的路。他的下属也都推崇他为园艺家，他不停地美化庭院、铺小路以方便行人，筑高墙挡住铁路。他退休之后，总是从早到晚地在院子里摸索，种小树、砍大树、铺路、修路，总要忙到太阳下山、伸手不见五指，才拖着疲惫不堪的身子回家。

运动方面，洛克菲勒退休之后仍喜欢溜冰和骑脚踏车，但过了 60 岁就不再骑快马了。他们老夫妇只有在星期天下午才在院子里骑着马慢慢地兜圈子，二人快乐嬉笑，非常逍遥。

退休后的洛克菲勒虽然体力不减当年，但对文艺方面的兴趣仍然很淡。他偶尔会跟妻子去听听音乐会，或到弟弟经营的歌剧院的包厢去看歌剧，除此之外，很少参加任何文艺活动。

风行的高尔夫球成了他新的目标。在 1899 年的一次宴会上，洛克菲勒夫妇在友人的鼓励下，玩了几杆高尔夫球。

学了几次之后，洛克菲勒就爱不释手，他在房子旁建了一个四个洞的小型球场，不但请了名师来教授，还想尽各种办法以增进球技。

1909年，洛克菲勒虽已步入70岁，但身体仍健壮如往昔。他的私人医生说："洛克菲勒先生身体健壮，起码可以活到100岁。他长寿的原则有三：第一，他不忧愁；第二，他有规律地做户外运动；第三，他的饮食有节制。"

老年的洛克菲勒生活并不单调，有三件喜事填满他的心，那就是两个女儿和小儿子的婚事。先是有个性、有艺术感、独立而又反传统的二女儿伊迪丝嫁给了普林斯顿大学的毕业生麦康密克。他们在纽约54街的寓所宴客，婚后定居芝加哥。

第二件事是1901年三女儿艾尔塔的婚事，她的如意郎君是哈佛法学院的高才生，曾在芝加哥当了多年的律师，后来对《联邦法》产生兴趣，写了两本有关这方面的书。

第三件事是儿子小洛克菲勒的婚事。洛克菲勒与参议院的名人联姻，讨了能干又迷人的艾比·格兰尼·阿尔德里奇做儿媳妇。婚礼非常隆重，女家的父亲大宴亲友，在避暑的别墅中请了1000名客人，一时传为佳话。洛克菲勒又因亲家的关系，认识了许多政坛人物，风闻更多的政治趣事。婚后，小洛克菲勒和艾尔塔两对夫妇住在洛克菲勒夫妇的隔壁。隔了没多久，这三对新婚的小夫妻都为洛克菲勒添了孙儿孙女，使洛克菲勒沉醉在天伦之乐中。

退休之后的洛克菲勒是快乐的，他将商业上的重担交给儿子，却没有因此无所事事地整日空闲在家。他保留了昔日的兴趣，比如溜冰、开车，更培养了新的嗜好，如园艺、打高尔夫球，把退休后的生活安排得多姿多彩。再加上替教会的义务服务、为慈善事业所做的贡献，洛克菲勒从不缺乏精神上的寄托。唯一美中不足的便是外界仍不断地攻

年迈的洛克菲勒

击他，虽然洛克菲勒不以为然，仍保持一贯的缄默态度不去争辩，也不把它放在心上，他的妻子有时还将那些报道剪贴下来做纪念。

捐钱行善

20世纪初的美国，各界呈现一片欣欣向荣。洛克菲勒的下属机构更为他赚进成千上万的钞票，积累了连子孙辈也用不尽的财富。在那种情况下，洛克菲勒的烦恼便是如何用钱，他无法像别人一样随便捐款便能获得心安。他一定要有计划、有规律地捐款，使捐款不但要花在有意义的事上，还要看到成果。

洛克菲勒虽然捐款时要求把握原则，但他本人并非博学

多闻，往往有钱也不知应捐向何处，只好求助于儿子及助手凯特等人。正好年轻能干的小洛克菲勒见识广博、思想新颖，往往能引导他父亲迈向新领域，鼓励他捐助科学方面的发明、教育方面的改进和人才的训练等。精力旺盛的凯特会去发掘人才，又知道如何将理想付诸现实。

两个人不停地建议、策划，然后交与经验丰富、饱经世故的洛克菲勒做最后的裁夺。他们三人合力把赚来的钱，有计划地用在慈善事业上，建立了日后多人受益的四大慈善机构：1901 年成立的"洛克菲勒医学研究中心"、1903 年成立的"普及教育委员会"、1913 年成立的"洛克菲勒基金会"、1918 成立的"劳拉·斯皮尔曼·洛克菲勒纪念委员会"，这四个慈善机构前后捐了四亿四千多万美元。

我们就以普及教育委员会的建立作为洛克菲勒捐钱行善的一个典型例子。

20 世纪初，洛克菲勒在芝加哥创立大学之后，更加关心后代的教育。他在 1903 年成立了普及教育委员会，专门协助南方地区的黑人及贫苦的白人求学向上。

刚开始时，洛克菲勒仅与儿子及助手凯特计划成立某种机构来赞助南方黑人教育，却不知从何着手。

小洛克菲勒即刻结交对南方教育已有贡献的两个富商加利和奥登为友，并参加了一次关心南方教育人士所举办的南方之游。他经过实地考察之后，还讨论了许多建设性的提议，结论是成立普及教育委员会，由洛克菲勒捐出 100 万美元，于 10 年之内改进一般教育，受益人将不受种族、信仰及性别的限制。

委员们对这个组织的期望很大，希望它能有权拥有无限制的资金，并能参与全国各地的各类教育活动。小洛克菲勒的岳父是当时参议院的红人，运用他的关系，国会很快地批准该会成立，并授予一切申请的权利，于是普及教育委员会 1903 年 1 月 12 日正式成立。洛克菲勒家族前前后后至少捐出 1.5 亿美元。

推动这个委员会的人仍是具有冲劲、性急的凯特先生。他对委员会的关怀不下于当初他对芝加哥大学的热心。他仍担任相同的职位，负责发起、提出各种新的想法。而默默实行、改良发展的却是另一位博学风雅、知人识人的波切克先生，他们二人相辅相成，共同为委员会工作，为美国的南方教育尽力。

刚开始，委员会仅想到用资金去改善落后及贫穷地区的学校，后来见效果不够理想，马上领悟到应该协助当地人士自行改进教育制度。委员会想出一个办法：他们拨出经费让当地专攻中学教育的人士来推行自己的教育方针，哪里是适合办学校的最佳地点？哪里是村民聚集开会的好地方？如何开导村民？又如何筹到更多的经费？这种办法的意义深远，一方面只有当地人士才了解民情及真正的需要，一方面由自己人出来研究执行，不会养成当地人依赖或自卑的心理。

渐渐地，委员会觉得上述办法仍不够完美，应该先改善南方各地落后的经济，一旦生活水平提高，办学才能达到效果。委员会决定先训练成年的农民，增加农产、改善生活，吃饱穿暖之后才能谈教育。委员会随即与南方农业专家耐普博士研究改进方针，耐普博士认为助人的基本原则是使受益人自立而不养成依赖的习惯，所以非常赞成委员会的构想，并协助其实现。

正好当时耐普博士在农业部工作，便将整个计划书上呈农业部，得到了农业部的支持与合作。委员会派专家与有经验的农民在自家示范耕种方法以指导本村的其他乡民，农业部并不参与实际工作，只是从旁辅导并派遣专家指点。这种计划很有效果，再加上洛克菲勒在经费上的不断资助，不但使南方获得利益，更推及其他各地，除了得克萨斯州之外，尚有路易斯安那州、阿肯色州、密西西比州、亚拉巴马州、弗吉尼亚州、佐治亚州及北部的缅因州和新罕布什尔州，都得到委员会的援助。

根据农业部的资料及统计，当时南部产棉花的各州在此计划的协助之下，农作物增产许多，可以自给自足，确实改善了农民的生活。直到1911年，耐普博士过世，委员会对于南方农业示范的工作才渐渐减少，由农业部接手，委员会转而负责农村的教育。至此，这是普及教育委员会的第一阶段。

第二阶段着重于改进高等教育。有冲劲的凯特在办芝加哥大学到组织委员会之间，接触到许多美国的高等学院，他认为当时的学院分散，水平低下，应该彻底改进。于是他鼓励洛克菲勒家族再拿钱出来援助此项运动。洛克菲勒斟酌之后答应支持他，又捐出了不少资金，以改良美国的高等教育。

委员会在非常谨慎的原则下资助这些院校，他们派会员到各校考察，如果学校行政稳定，有发展的潜力，则大力援助。他们仍采用抛砖引玉的方法，希望因为洛克菲勒的捐献而招来更多的款项，事实上往往有意想不到的效果。委员会并不是马虎行事，他们多半按时查账，一方面可以了解学校的开支，一方面可以知道行政人员的管理方式，如果发现管理不当，委员会马上派专人协助管理。除了资助校方的用度，委员会还建议改进教员生活，提高教、职员的薪酬，因而间接提高了师资素质。

再下一步就是提高医学院的水平。委员会计划设立有示范性质的高等医学院，这种医学院必须有自己的医院、诊所、检验部门等。洛克菲勒父子自然又首肯，前后拿出两千多万美元支持这项计划。委员会不但加强了已成立的约翰·霍普金斯大学医学院、耶鲁大学医学院，还远在芝加哥大学、哥伦比亚大学及爱荷华大学设立医学院。这实在是一个有魄力有理想的善举！但行动招来许多批评，有些教育工作者认为委员会带来的压力太大，他们也要参与行政工作（如查账、学校方针等），常导致校方的不便。于是1920年，委员会改变方针，不再频频过问校方的行政工作，仅在捐献基金时表明款项运用的方向及原则，其余让校方自身去规划，而不给予任何意见。从此，学术界对洛克菲勒的捐献就不再有任何的批评了。

后来，又戏剧性地成立了"洛克菲勒卫生所"。1908 年，罗斯福总统在位时，美国南方人民的生活仍然非常清苦，且大部分人患有钩虫病。一天，一位国会议员到南方考察时，亲眼看到病患的痛苦，询问之下发现该症并非无药可治，只是南方黑人过分贫困无钱医治。所以，这位议员一返回北方，就呈报委员会，请求洛克菲勒再开善门。

洛克菲勒父子听取报告之后，随即慷慨解囊，捐出 100 万美元成立"洛克菲勒卫生所"，专门改善南方黑人的卫生环境，医治患有钩虫病的人。在卫生所的协助之下，患钩虫病的人渐渐被治愈。

洛克菲勒在退休以后，对南方、对美国的贫苦大众，尤其是黑人确实有不可磨灭的贡献。

洛克菲勒基金会

洛克菲勒退休之后，几乎将全部的精力都贯注在发展慈善事业上。他曾兴办大学，成立医学院、医学研究中心，并创办普及教育委员会。在 20 世纪初期，因为不断的富足与进步，美国不但在世界上居领导地位，还因此带来很好的国际关系。美国的富强更显出小国的贫弱，因此美国的慈善事业有向外接济的发展趋势。

洛克菲勒因为在各地经商，曾赚回大量财富，在这种情况之下，他开始想援助海外的贫困人士。于是他在1905—1910年时不断地与亲友计划，这一构想促成了日后"洛克菲勒基金会"的成立。

因为有了办芝加哥大学及普及教育委员会的经验，洛克菲勒认为他可以将大笔资金交给独立的董事会，让董事会中有才干有魄力的人去发展慈善事业，而无须他本人过问任何细节。在创立上述机构时，洛克菲勒认识了几位杰出的人才，他们颇值得信赖并能协助他策划及实现各项目标，这几位日后在洛克菲勒基金会为他效劳的是凯特、布杰克、费尔诺及罗斯。

人才虽多，但草拟创议的却仍是聪明而有魄力的凯特。他曾在1905年6月写了一封信给洛克菲勒，信上很详细地提到他对于造福世人、援助国外人士的一些想法：

　　　　我已为您的庞大的集团工作了15年，为了它，我曾花费不少心血，想尽办法好好地去应用它。我不可能没有想过最后我们要如何花这笔财富。我常常想，您要趁您及您的子孙在世的时候，好好地将这笔财富用在有永久性质的慈善事业上，以造福世人。这是一件说起来容易、办起来困难的事，我们必须要先确定三点：第一，我们要明确人类的需要及人类进步的定义。第二，要如何安排合适又能干的人来担任这项工作，我们不但目前需要他们，世世代代以后，我们仍需要这些人。第三，我们要清楚了解人类哪一方面的进步才是真正的重点，并且能够引来更多施善的好心人，捐赠合法的基金。

凯特建议，在国外，推广世界性的医学研究及全球性的基督教教义，以增进人类身体及心灵的健康。在国内，应该同时提高高等教育的水平、改善都市生活，培养人民的公德心，提高人民素质。

创办基金会的想法，经常萦绕在洛克菲勒父子的脑海中，一有时间，他们二人就谈论各种计划。

小洛克菲勒虽然知道父亲有心捐赠，但此次计划太庞大，所以应该有步骤、有计划地行事才比较稳妥。小洛克菲勒觉得最困难的一点是如何网罗各方面有才能的人，使他们共聚一堂，同心协力地工作。每次想到这里，他就会心生怯意，于是一个会议接着一个会议地开，父子二人都想找出一个完美的办法。尤其是洛克菲勒，几十年来他的作风从没改变，凡事在未决定之前都小心谨慎地考虑再考虑，等到一旦决定后从不拖泥带水，必定很迅速地将事情解决，这次也不例外。

1909 年 6 月 19 日，洛克菲勒想好成立的办法之后，马上从标准石油公司的证券中提出 5000 万美元作为资金，存在三位受托人——凯特、小洛克菲勒及女婿麦康密克的名下，作为促进人类幸福及文明的资金。不过，洛克菲勒坚持要等到联邦政府的特许之后，基金会才可以开始工作。

议案送进国会之后，不但没有很快地通过，反而招来很多非议。各报的主笔、各州的政治家都提出反对，有些人认为只要洛克菲勒出面必有其他企图，像芝加哥的《海洋杂志》就很幽默地写道："哪怕是洛克菲勒要把全部财产捐赠给政府的议案，也没人肯通过的。"但是，事实上一般人觉得这个基金会的目标太广阔、太松散，理想又高又抽象，而且是个永久性的计划，无法不让人怀疑其居心。更何况当时街头巷尾议论纷纷，传说洛克菲勒马上就要再投资五亿美元到该基金会，政府怕促成一个恣意放纵的社团，所以国会议员及总统在考虑之后，全体反对，以致这件事被搁浅三年。

洛克菲勒只好先废弃他之前的赠款，但这并没有动摇他成立该基金会的诚心。他转到纽约州议会，在没引起大众注意之下，于1913年成立了基金会。洛克菲勒即刻投入三千多万美元资金，第二年又增加到六千五百多万美元。洛克菲勒基金会的主旨简单而崇高——促进全世界人类的幸福。

基金会的负责人也马上被选定了，虽然表面上由小洛克菲勒负责领导，但工作得最辛苦、花费心血最多的却是另一个人——格伦先生。他曾在日后回忆的时候说：

当时，我就是基金会，基金会就是我，我一个人，在百老汇26号的小房间内，独自守着四个抽屉的档案桌，那就是基金会全体的人工和设备了！

格伦是一位传教士的儿子，毕业于哈佛大学，毕业后就任职于母校。他博览群书，是一个聪明、机智又富有创造力的年轻人。基金会成立之后，除了洛克菲勒父子及格伦之外，又选出其他六位委员作为主要负责人。当然，这些人不只是挂名而已，他们全都为该会尽过力。尤其是格伦、凯特和小洛克菲勒，可以说是基金会的三大功臣。

人手和资金都齐备之后，下一步就是研究商讨促进全世界人类幸福的办法。洛克菲勒经常强调慈善事业最重要的是如何结局："最好的慈善事业是先找出贫困或失败的原因，再试着用就地取材的方法改善其缺点，以求得完满。"

他们的志向虽然宏伟，资金虽然庞大，但从救助全世界人类的目标来看，仍是心有余而力不足。他们希望的是，他们起带头作用，引发其他团体的善心，而不是完全依赖基金会的不断资助。在 1917 年，基金会的第二任会长文森先生指出：他们 1.2 亿美元的资金一年所得的利息只能支持美国政府 7 小时的作业，而全部的本金也只能维持政府 15 天的开支。由此可见，这个基金会只能从旁做些启发性的协助，而无法真正地改善世界。

基金会虽无法消灭全世界的苦痛，但却始终坚持能减少一分痛苦就多得一分幸福的原则，他们的第一步就是消灭疾病。

基金会令曾在南方各州消灭钩虫病的罗斯博士拟订了一份计划，为国外的落后地区消灭此种疾病。不久，他们成立了"国际卫生委员会"，不但计划消灭钩虫病，还在各地设立分站以促进当地的卫生环境的改善及科学知识的普及。

第二步，就是到科学落后地区开设医学院。因为洛克菲勒笃信宗教，加上很多朋友曾经去中国传教，所以洛克菲勒家族对中国的兴趣非常浓厚。于是他们展开计划，先研究中国的情况及需要，再在纽约开会决定协助中国发展健全的医学制度。计划由凯特策划，经委员会批准在北平（北京）成立一所医学院，逐渐促使东方国家也注意到医学的重要。

到1917年，文森先生代替小洛克菲勒出任会长时，洛克菲勒基金会又开始了一个新纪元，更做了许多值得骄傲的事。

文森这个人博学多识，他曾出任大学校长，那几年的经验使他习惯于有条理及通力合作的行政制度。他上任之后，大半计划都遵循基金会的主旨实行，不像洛克菲勒在任时，协助的范围虽广泛却显杂乱，洛克菲勒的做法当时还被凯特狠狠地批评了一通。文森得到了凯特的支持，更是有板有眼地朝着提倡公共卫生及医学教育方面发展。在文森时代，基金会的利息多数用在国际卫生委员会和中国医学委员会及后来的医学教育上，全力改善全球的卫生环境及消灭各种疾病。

当时在国外，洛克菲勒的助手费尔诺主张再度提高美国医学院的水平，要在爱荷华大学建立一所庞大的医学中心，为此71岁的凯特与费尔诺发生了争执，这使得凯特不久就退休还乡，洛克菲勒集团从此失去一员无法取代的大将。

在国外方面，基金会帮助的医学院及研究中心也是不可胜数。它的捐赠远及伦敦、爱丁堡、里昂、布鲁塞尔、圣保罗及其他各地。然而洛克菲勒最关心的却是加拿大，他认为加拿大人民与美国人民属同源同种同文化，如果他们能牺牲自己，教育下一代，并且善用资源，那么民主制度必能长存远播，所以基金会协助当地政府设立大学。洛克菲勒基金会到处捐赠，提高教育水平，不但为世界人类尽了一份心意，还做了多次成功的国民外交。伦敦的报纸曾经称该会对大学慷慨的捐献，是第一次世界大战胜利后最令人振奋的一件事。

基金会旗下的国际卫生委员会最成功的一件事就是发明了预防黄热病的疫苗。西班牙内战时，曾有人发现黄热病是由蚊虫传播的，后来有一位名医葛卡斯曾在巴拿马运河区将该病消灭。但当时东方人士害怕巴拿马运河一旦通航，黄热病也会随之流传到东方。于是，委员会就请葛卡斯医生担任消灭黄热病小组的组长。虽然该病曾经几乎被全面消灭，但在葛卡斯死后数年，黄热病又在南美洲大为流行。最后设在纽约的国际卫生委员会研究中心成功地发明了预防该病的疫苗，从此控制了黄热病的蔓延，减少了许多人的痛苦。

1928 年左右，当初替洛克菲勒策划慈善事业的大将都已衰老退休或逝世了。洛克菲勒的整个慈善事业正面临一个新时代。老当益壮的洛克菲勒主张将全体合并，他在指示他儿子的信中说："合并是应该今天做的，你应当了解我平日的感受，马上放手去做，应该毫无问题地合并成一个大机构。"

当时，洛克菲勒基金会中最大的机构尚有普及教育委员会、劳拉·斯皮尔曼基金会和洛克菲勒纪念基金会。劳拉·斯皮尔曼基金会是专门从事社会工作的，随时准备完全并入洛克菲勒基金会。唯有普及教育委员会是否要并入基金会，引起洛克菲勒手下人士的争论。后来该会也以很缓慢的步调慢慢地并入，使洛克菲勒基金会成为一个更协调更有效率继续为社会大众谋福利的机构。

几十年的慈善事业，洛克菲勒不但替社会做了许多善事，更使其属下的工作人员之间建立起良好的友谊，宛如一个完整的大家庭。虽然洛克菲勒的慈善事业曾经在改善教育、医药及各方面的环境上发挥了巨大作用，但也像其他的慈善机构一样遭遇过一些麻烦，比如浪费了一些金钱，有时会有错误的决定，或内部行政人员的人事问题混乱等，都曾经招致一些非议，还有太多研究、太少实际活动，或活动太散乱，忽略了人性等。

除了这些普遍的批评外，外人对洛克菲勒慈善事业责备得最厉害的两点是：第一，洛克菲勒家族完全控制该慈善事业，太过专权；第二，该事业的条例规则太多，不能完全发挥其潜力。

对于外界所传的洛克菲勒家族完全掌握基金会的一些评语，小洛克菲勒对此曾有一番解释。他认为他父亲做事一向由小而大、小心谨慎，经过研究考虑才慢慢地去做。在这种情况下，当每一个基金会、研究中心等成立时，都是由常与洛克菲勒在一起计划的亲人及密友所主持，以致外人误认为全是洛克菲勒家族或其亲信掌握各慈善事业。

其实，每当各单位上轨道后，若洛克菲勒物色到有才干、有魄力的替代者时，洛克菲勒家族的亲

洛克菲勒荣登《时代》杂志封面

信便渐渐退出，让委员会的人独立地处理事件。小洛克菲勒是非常反感众人认为他们家族独揽各种慈善事业的。至于条例太多的评语，他认为更是不公允，因为洛克菲勒在1920年曾经多方面减少各种不必要的规则和条例，使各慈善事业都能尽力地发挥其潜能，为社会大众谋福利。

无论外界对洛克菲勒的各项慈善事业如何不满，他们都不能否认洛克菲勒对社会的贡献。他虽有惊人的财富，但他从未因此而狂妄，相反，都是以谦虚的态度来对人对事。他从未将他的钱财奢侈地浪费或运用钱财来买通任何权势，他总是将它们奉献给大众。在创办慈善事业的整个过程中，洛克菲勒从不任用自己人，或干涉行政。虽在各项活动成立之初，他都亲自参与策划工作，不过如果找到有才能的人，洛

克菲勒就不再参与工作了。所以，总括来说，美国人民还是应该感激他几十年来的善举。

1937 年 5 月 23 日，98 岁的洛克菲勒在他位于奥尔蒙德海滩的别墅里去世了。他的子孙继承了他的事业。洛克菲勒家族成了美国十大超级富豪之一，也是当今美国最负盛名的家族之一。他的孙子纳尔逊·洛克菲勒曾当过美国副总统，而他的另一个孙子戴维·洛克菲勒则是赫赫有名的大银行家。

纵观洛克菲勒的一生，他的事业先是一段漫长而充满争议的商业历程，之后是一段漫长的慈善历程，他在人们心中的形象是非常复杂的。不过，不管他在人们心中的形象如何，洛克菲勒带给美国和世界的影响是空前绝后的。洛克菲勒一生不抽烟、不酗酒、不好赌、不好色，可谓勤俭自持，并在晚年将大部分财产捐出资助慈善与研究事业，开启了美国富豪行善之先河，为现如今比尔·盖茨与沃伦·巴菲特等富豪做出了榜样，这也让他成为美国近代史上最富传奇色彩与争议性的人物之一。